INVENTAIRE
v25212

Par J.B Gallimard v. Barbier

V. 2678.
A.

25212

ARITHMETIQUE
DES
MUSICIENS,
OU ESSAI

Qui a pour objet diverses espéces de Calcul des Intervalles; le développement de plusieurs sistêmes de Sons de la Musique; des expériences pour aider à discerner quel est le véritable; c'est-à-dire celui de la voix; la description de celui qu'on suppose l'être sur quelques Instrumens; ses rencontres avec celui du Clavessin, & leurs disparités dans tous les modes imaginables; des soupçons sur les nombres que l'oreille perçoit dans tous ou presque tous les accords de deux Sons, notamment dans ceux qui forment des intervalles superflus ou diminués; une hypothése relative aux Sons harmoniques, & le moyen de faire rendre par une même chorde en même temps deux Sons dont l'intervalle ne soit point une consonance.

On y a ajoûté une explication des propriétés les plus connues des Logarithmes par celle qu'ils ont de mesurer les Intervalles.

Cum varietate simplicitas & ordo.

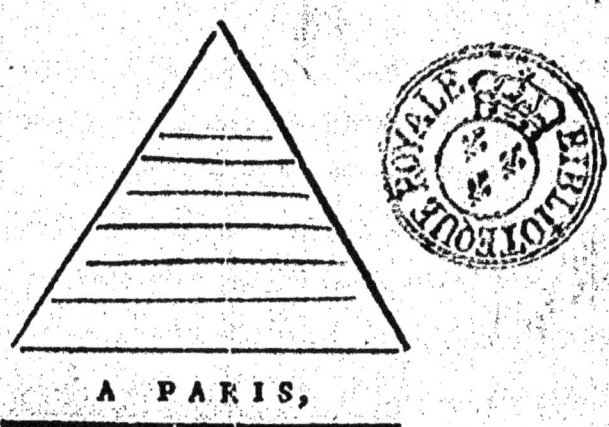

A PARIS,

Septembre MDCCLIV.

APPROBATION du Censeur Royal.

J'AI lû, par ordre de Monseigneur le Chancelier, & approuvé un Manuscrit qui a pour titre, *Arithmétique des Musiciens, ou Essai qui a pour objet diverses especes de Calcul des Intervalles; le développement de plusieurs sistêmes de Sons, &c.* A Paris ce 1 Août 1754.

   LA CHAPELLE, Membre de la Société royale de Londres.

On pourra voir dans le Mémoire de M. Sauveur, Mémoire de l'Académie des Sciences 1701. Dans une Lettre de M. Huighens, Histoire des Ouvrages des Sçavans, Octobre 1691. Dans les Traités de l'Harmonie de M. Rameau, & son nouveau Sistême théorique, ce que nous avons de commun dans cet Ouvrage avec ces Sçavans, & ce célébre Musicien.

ARITHMÉTIQUE
DES MUSICIENS.

Définition du Rapport ou de l'Intervalle en général.

1 Lorsqu'on compare deux quantités en considérant de quelle maniere la petite est contenue dans la grande, leur état respectif présente à l'esprit une espéce d'amplitude, qui les embrasse & qui varie selon la maniere, dont la petite est contenue dans la grande ; cette amplitude est ce que j'appelle intervalle ou raison ou rapport de ces deux quantités ; j'écris un rapport comme celui de 2 à 3 sous cette forme, : 2. 3 ; le premier terme s'appelle *Antécédent*, le second *Conséquent*. En changeant l'ordre des deux termes d'un rapport, on a son inverse, : 3. 2 est l'inverse de : 2. 3.

2 *Définition d'un intervalle de deux sons.* L'intervalle de deux sons est celui des deux nombres qui les expriment, & ces nombres sont ceux des vibrations que les chordes qui rendroient ces sons, feroient dans un même temps ; nous supposons que les vibrations d'une même chorde sont toutes d'une égale durée, & que les nombres de celles de deux chordes sont en raison inverse de leurs longueurs. Le petit terme d'un intervalle représente le son grave & le grand terme l'aigu ; plusieurs chordes considerées à la fois seront censées ne différer, que dans leurs longueurs.

5 plus 3 s'exprime par 5+3 ; 5 moins 3, par 5—3 ; 5 multiplié par 3, par 5×3 ; 5 divisé par 3, par $\frac{5}{3}$; 15 égale 5×3, s'exprime par 15 = 5×3.

3 Deux nombres divisés ou multipliés par un même, forment toujours le même rapport.

4 *De la Proportion géométrique.* L'égalité de deux rapports, fait ce qu'on appelle *Proportion géométrique* ; on voit en B deux manieres de l'exprimer ; le discours qui répond à la seconde est, 2 est à 3 comme 4 est à 6. On donne à chaque rapport le nom de membre de la Proportion, au premier & quatrième termes celui d'extrêmes, au second & au troisième celui de moyens.

B
: 2. 3 = : 4. 6
: 2. 3 :: : 4. 6

5 *Regle de trois*. Deux termes d'un intervalle comme : 2 . 3, étant donnez, & le 1ᵉʳ. terme 4 de son égal, le produit de 4 par 3 divisé par 2, sera le 2ᵉ. terme du 2ᵉ. intervalle. Voyez C.

$$C:2.3=:4\times 2.3\times 4=:\frac{4\times 2}{2}.\frac{4\times 3}{2}=:4.\frac{4\times 3}{2}$$

6 Nous ne comparerons point d'intervalles qu'en plaçant dans tous le plus petit terme à l'antécédent ou au conséquent, en cet état nous dirons qu'ils sont ordonnés.

7 Deux suites ayant un pareil nombre de termes & renfermant les mêmes rapp. successifs dans un ordre pareil, seront dites semblables.

8 *Des nombres premiers*. Un nombre premier ou simple est celui qui n'a point d'autres racines ou diviseurs en nombres entiers que lui-même & l'unité. Nous ne supposerons dans le sist. num. d'autres nombres premiers que 1, 2, 3, 5.

9 *Des rapp. premiers*. Un rapport dont les termes n'ont d'autre diviseur commun entier que l'unité, s'appelle rapport premier ou réduit à la plus simple expression; de plusieurs suites semblables la plus simple est celle dont les termes n'ont aucun diviseur commun à eux tous.

10 *Décomposition d'un nombre composé*. Pour décomposer 75 en ses racines premieres, je forme deux colomnes au-dessous de ce nombre, l'une D pour les quotiens, l'autre E pour les diviseurs, comme il ne peut se diviser exactement par 2, j'essaye le diviseur 3, j'écris le quotient 25 en D & le diviseur 3 en E; je divise le quotient 25 par 5, j'écris 5 comme quotient en D, comme diviseur

75 . 90 . 150

25	3	45	2	75	2
5	5	15	3	25	3
1	5	5	3	5	5
D	E	1	5	1	5

5 . 6 . 10

en E; je divise enfin le quotient 5 par lui-même, j'écris le quotient 1 en D, & le diviseur 5 en E, & j'ai en E toutes les racines simples de 75, il en est le produit.

11 *Réduction des rapports & des suites de nombres entiers à la plus simple expression*. Pour simplifier l'expression d'un rapp. comme : 75 . 90, on décomposera chaque terme en ses racines premieres, & on tranchera dans chaque colomne de racines, toutes celles qui sont communes aux deux termes; celle qui reste dans chaque colomne, ou leur produit, s'il y en reste plusieurs, est un terme du rapport simplifié : 75 . 90 devient : 5 . 6 (*a*).

12 La réduction d'une suite à la plus simple expression, ne fait qu'étendre l'opération. 75 . 90 . 150 devient 5 . 6 . 10. Si une colomne de racines se trouvoit tranchée toute entiere, il faudroit toujours y concevoir la racine 1 ; car le nombre seroit alors censé divisé par lui-même.

13 *Réduction des rapports & des suites de fractions à des entiers*. On réduira un rapport de fractions à un rapport d'entiers, en formant le

---

(*a*) Il est une autre maniere de trouver le plus grand diviseur commun de deux nombres. Voyez les Institutions géomét. de M. de la Chapelle, T. 1. art. 36.

produit du numérateur de la 1re. par le dénominateur de la 2e, & celui du numérateur de la 2e. par le dénominateur de la 1re. Voyez F.

F. $: \frac{3}{2} \cdot \frac{5}{4} = : \frac{3 \times 4}{2 \times 4} \cdot \frac{5 \times 2}{4 \times 2} = : 3 \times 4 \cdot 5 \times 2$	
G. $\frac{1}{2} \cdot \frac{3}{4} \cdot \frac{5}{6}$ devient $1 \times 4 \times 6 \cdot 3 \times 2 \times 6 \cdot 5 \times 2 \times 4$	
H. $1 \cdot 2 \cdot \frac{3}{4} = \frac{1}{1} \cdot \frac{2}{1} \cdot \frac{3}{4}$	K. $\frac{1}{2} \times \frac{2}{3} \times \frac{4}{5} = \frac{1 \times 2 \times 4}{2 \times 3 \times 5}$
L. $\frac{2}{3} \times 4 = \frac{2 \times 4}{3}$	M. $\frac{2}{3} \times \frac{1}{4} = \frac{2}{3 \times 4}$
N. $\frac{3}{2} \times \frac{5}{4} = \frac{3 \times 4}{2 \times 5} = \frac{6}{5}$	P. Direct. $1 \cdot 2 \cdot 3 \cdot 5$ Q. Inverse $\frac{1}{1} \cdot \frac{1}{2} \cdot \frac{1}{3} \cdot \frac{1}{5}$

14 On réduira une suite de fractions à une semblable d'entiers en multipliant le num. de chaque fract. par le produit des dénom. de toutes les autres. G.

15 Un entier peut toujours être censé multiplié ou divisé par 1. Voyez H.

16 *Multipl. des fractions.* Pour former le produit de plusieurs fractions, on fera un produit de tous les numérat. & un autre de tous les dénominat. K. Le produit en K vaut la moitié des deux tiers des quatre cinquièmes d'un.

On observera qu'une même racine étant commune aux deux termes d'une fraction, on peut la trancher dans l'un & l'autre sans changer la valeur de la fraction.

17 *Division des fractions.* Une division d'une fraction par une autre, comme de 3 demi par 5 quarts, s'indique comme à la tête de l'ex. N. Pour avoir le quotient, on forme le produit du num. de la 1re. par le dénom. de la 2e, & celui du dénom. de la 1re. par le numérat. de la 2e. Voyez M ou N ; le quotient en N indique que 5 quarts est dans 3 demi les 6. 5mes. d'une fois.

18 On voit en L ou M, l'exemple d'une fraction multipliée ou divisée par un entier.

19 Un rapp. de deux fractions peut se réduire à avoir 1 pour 1er. terme en divisant chaque terme par le premier.

20 *Maniere de trouver la suite des chordes d'une suite de sons.* Si on réduit les deux termes d'un rapp. à être les dénom. de deux fract. ayant un même numérat, on aura son inverse ; en conséquence une suite P aura Q pour inverse ; si P est une suite de sons, Q sera celle des chordes, on la réduira & simplifiera (12 & 11).

21 *Composition des intervalles.* Si entre les termes d'un interv. on introduit un ou plusieurs nombres, de sorte que la suite soit ascend. ou descendante ; je dis de cet interv. qu'il est composé de tous les interv. successifs que présente cette suite, ainsi : 1 . 5 sera composé de : 1 . 3 & : 3 . 5, si j'introduis 3 entre 1 & 5, ou de : 1 . 2, : 2 . 3, : 3 . 5, si j'y introduis 2 & 3 ; on observera qu'une suite de nombres renferme autant de rapp. successifs moins 1 qu'elle a de termes ; les interv. composans seront dits encore racines ou parties du composé.

4   *L'Arithmétique*

22. Pour renfermer distinctement les interv. qu'on voit en *M* dans une suite *N*, on formera le 3e. terme en *N* du produit des deux premiers conséquens divisé par le 2e. antécédent, & le 4e. terme du produit des trois conséquens divisé par celui des 2 derniers antécédens,

M.	:5	.	6	
		4	.	5
			:3	. 4
N.	5	6	$\frac{6\times 5}{4}$	. $\frac{6\times 5\times 4}{4\times 3}$
P.	$5\times 4\times 3$.	$6\times 4\times 3$.	$6\times 5\times 3$.	$6\times 5\times 4$
Q.	:$5\times 4\times 3$	.		$6\times 5\times 4$

& ainsi à l'infini, (un coup d'œil remplit ici l'esprit de la regle de trois). La suite *N* est réduite en *P* en une semblable d'entiers ; on y voit que l'interv. composé a pour 1er. terme le produit de tous les antécédens & celui de tous les conséq. pour 2e. terme.

23. En conséquence pour avoir un intervalle composé de plusieurs autres, il ne faut qu'une opération comme celle qui est indiquée en *H* : les intervalles composans peuvent être différemment arrangés & être en plus grand ou plus petit nombre sans que le composé change,

:5	.	6
:4	.	5 *H*.
:3	.	4
:$5\times 4\times 3$	.	$6\times 5\times 4$

: 1 . 9 embrassant la suite 1 . 2 . 6 . 9 ou 1 . 3 . 5 . 8 . 9 est toujours le même.

24. *Grandeur, petitesse & différence des intervalles.* Pour comparer ensemble deux interv. je multiplie les deux termes de chacun par l'antécédent de l'autre, les interv. sont égaux si les conséquens se trouvent les mêmes, ils sont inégaux dans le cas contraire (*a*).

25. Soient deux interv. : 2 . 3 & : 4 . 5, ils deviennent l'un : 8 . 12, D, l'autre : 8 . 10, G ; je place le plus petit conséquent 10 entre 8 & 12, j'ai la suite 8 . 10 . 12 qui me fait voir que D est un composé qui a pour racines le rapp. G, & celui des conséquens : 10 . 12 ; je donne le nom de grand interv. à celui qui compte l'autre pour une de ses racines, à cet autre le nom de petit, & au rapport des conséquens le nom de différence.

26. Si on sçait que : 2 . 3 est plus grand que : 4 . 5, on pourra exprimer la différ. par le rapp. *T*, car 8 . 10 . 12 est semblable à la suite *R*, & divisant par 5 les deux termes du rapp. *S*, on a le rapp. *T*.

$$R. \; 2 \cdot \tfrac{2\times 5}{4} \cdot 3 \, ; \quad S. \; : \tfrac{2\times 5}{4} \cdot 3 \, ; \quad T. \; : \tfrac{2}{4} \cdot \tfrac{3}{5} = : 5 \cdot 6.$$

27. Pour décomposer un interv. en deux dont l'un est donné, il ne faut que trouver la diff. du composé au donné, nous supposons toujours celui-ci plus petit que le composé.

(*a*) On déduira de ce principe que si quatre termes sont en proportion, le produit des extrêmes vaut celui des moyens, & que si ces deux produits sont égaux, les quatre termes font une proportion.

des Musiciens.

28 *Des puissances & de leurs racines.* Le produit d'une grandeur multipliée par elle-même une fois, deux fois, trois fois, &c. s'appelle puissance 2e, 3e, 4e, &c. ou du 2e, du 3e, du 4e degré, &c. de cette grandeur, la 1ere. est cette grandeur elle-même. Pour abréger l'expression des puiss. d'un nombre comme 5, on les écrit comme en A: la 2e. & la 3e. s'appellent en particulier l'une quarré, l'autre cube, le petit caractere élevé qui marque le degré de la puissance, en est dit l'exposant.

29 La grandeur qui multipliée par elle-même 1, 2, 3 fois &c. produit une puiss. 2e, 3e, 4e &c. en est dite la racine 2e, 3e, 4e &c ou du 2e, du 3e, du 4e degré, celles du 2e & du 3e s'appellent aussi l'une quarrée, l'autre cubique; le signe en B, s'appelle signe radical; le caractere élevé au-dessus du signe, s'appelle exposant du degré de la racine. Ce qu'on voit en B, signifie rac. 2 de 5, rac. 3 de 5, rac. 4 de 5.

$$A.\ 5^1 \cdot 5^2 \cdot 5^3 \cdot 5^4;\quad B.\ \sqrt{5}\cdot \sqrt[3]{5}\cdot \sqrt[4]{5}.$$

30 *Des incommensurables.* Un nombre qui n'est pas une puissance d'un certain degré de quelque autre nombre, s'appelle une puissance imparfaite de ce degré, 125 l'est du 2e. & 4e. degré, 2, 3, 5 le sont de tout degré. On ne peut extraire en nombres entiers ni rompus la racine d'un certain degré d'une puissance imparfaite de ce même degré, par exemple, la racine 2e. de 5, 2 seroit trop petit, 3 trop grand, & aucune puissance d'une vraye fraction ne peut faire un entier exact. Ces sortes de racines n'ont aucune mesure commune avec quelque nombre que ce soit, & de là on leur donne le nom d'incommensurables.

31 Une puissance ou une racine quelconque de 1 est toujours 1.

32 *Des progressions géométriques.* Une suite ou deux termes consécutifs présentent toujours le même intervalle, s'appelle progr. géomét. pour la désigner on met au devant le signe qu'on voit en A; on peut en exprimer une de trois termes comme une proportion, pour la prog. A, on peut écrire la prop. B, en A 1 & 9 s'appellent les extrêmes, & 3 le moyen.

$$A.\ \div\ 1\ .\ 3\ .\ 9 \qquad B.\ 1\ .\ 3\ ::\ 3\ .\ 9$$

33 Une progr. géom. multipliée ou divisée par une autre demeure toujours progr. géom.: une grandeur & ses puissances prises de suite, & les racines d'un même degré des termes d'une prog. géom. sont des progr. géom.

34 Il est plusieurs especes de rapports à qui nous affecterons le nom de raison en y ajoûtant une dénomination tirée de la maniere dont le grand terme contient le petit: celui de : 1 . 2 sera dit raison double, celui de : 1 . 3 ou : 2 . 3 raison triple ou demi-triple &c. selon qu'une de ces raisons regnera dans une progr. celle-ci sera dite progr. double, triple, demi-triple, &c.

35 *Des intervalles composés d'interv. égaux.* Un interv. étant composé d'interv. égaux, je donne au petit qui se repete pour composer le grand le nom d'interv. radical du composé: tel est : 1 . 3 relativement à : 1 . 81 regardé comme composé de 4 interv. égaux. L'interv. radical a pour termes les rac. quarrées ou cub. ou du 4e. degré de ceux du composé, selon qu'il y est renfermé 2 ou 3, ou 4 fois &c.

36 Un interv. composé d'interv. égaux qui présente entre ses deux termes les interv. qui le composent, & une prog. géomét. qui a pour extrémies dans le même ordre les deux termes du composé & pour rapport regnant le radical du composé, prennent la nature l'un de l'autre, &

X.	:4	.	5	
	:4	.	5	
		:4	.	5
÷	4	. 5	. $\frac{5\times 5}{4}$	. $\frac{5\times 5\times 5}{4\times 4}$
	4×4	.	5×5	
	$4\times 4\times 4$	.	$5\times 5\times 5$	

n'offrent que les mêmes choses sous des noms différens. Pour aider à sentir la justesse de ces notions, nous y joignons l'exemple en X : on peut l'étendre à l'infini.

37 L'interv. : 1 . 5 étant regardé comme composé de quatre égaux, le radical sera le rapp. en G. Si on veut avoir une prog. géomét. qui présente les 4 interv. égaux, on en formera une de cinq

$G. : \sqrt[4]{1} . \sqrt[4]{5}$; $H. \sqrt[4]{5}$; $L. : \sqrt[4]{80} . \sqrt[4]{81}$;
$K. ÷ \sqrt[4]{1} . \sqrt[4]{5} . \sqrt[4]{25} . \sqrt[4]{125} . \sqrt[4]{625}$;

termes qui ait 1 & 5 pour 1r. & 2e. termes, & les affectant tous cinq du signe ÷, on aura la progression demandée en K.

38 Un interv. composé de plusieurs égaux sera dit double, triple &c. du radical, & celui-ci, moitié, tiers, quart du composé; ainsi le rapp. en L sera dit 4t. de c. ou quart de comma; raison double simplement dite & raison double d'une autre raison, sont comme on voit des expressions qui n'ont nulle affinité.

39 *De la proportion & progression arithmétiques.* Deux intervalles étant ordonnés & placés à la suite l'un de l'autre, si la différence des 2 termes du 1er. est égale à celle des deux du 2e.

$C. 1 . 4 :: 2 . 5$; $D. ÷ 1 . 3 . 5 . 7$;
$E. ÷ 1 . 3 . 5$; $F. 1 . 3 :: 3 . 5$;

les quatre termes feront une prop. arithm. L'expression qu'on en voit en C, signifie que 1 est surpassé de 4 comme 2 l'est..., les deux interv. sont nécessairement inégaux dans la prop. arith. si les quatre termes sont quatre nombres différens.

40 Une suite ascend. ou descend. & telle que la différ. d'un terme à celui qui le suit, soit toujours la même, s'appellera prog. arith. on en voit une en D. On peut exprimer une progr. arith. de trois termes comme une prop. arith. de quatre termes en repetant le moyen entre les extrêmes, la prog. E donne la prop. F. Les deux extrêmes d'une progr. arith. étant donnés avec le nombre de ses termes, on connoîtra la différ. qui doit regner dans la progr. en divisant la diff. des extrêmes par le nombre des rapports successifs que la prog. renferme.

41 Un seul des interv. successifs d'une progr. arith. étant un rapp. premier, tous les autres le sont aussi, cela sera encore si un seul des termes de la progr. est un nombre simple.

42 Dans une progr. arith. les interv. succ. vont toujours en croissant ou en décroissant.

43 *De la progression harmonique.* Si trois nombres sont tels que le 1r. soit au dernier géométriquement comme la différ. des deux premiers est à la différ. des deux derniers, ils sont ce qu'on appelle proportion harmonique, si cette espece de prop. s'étend à plus de trois termes, on lui donne le nom de progr. Quant à nous, nous dirons toujours progr. harmonique. Nous la désignerons par le signe ∽ dans les exemples & les tables.

44 L'inverse comme X d'une progr. arith. comme A, est une progr. harmon. Si on retourne cette inverse de droite à gauche, on aura Y semblable à la suite P.

45 *Déplacement regulier dans une progression harmon. des interv. succ. d'une prog. arithmét.* En considerant une progres. arith. A, & son inverse retournée P, on trouvera que l'intervalle qui se trouve au 1er, au 2e, au 3e rang &c. en A se trouve au dernier, au pénult.

A.	÷	1	.	2	.	3	.	4	.	5
								: 4	.	5
						: 3	.	4		
				: 2	.	3				
		: 1	.	2						
P.	∽	10	.	12	.	15	.	20	.	30 . 60
B.	1.2	∴	2.3	∴	3.4	∴	4.5			
Q.	4.5	∴	3.4	∴	2.3	∴	1.2			
X.	$\frac{1}{1}$	.	$\frac{1}{2}$	.	$\frac{1}{3}$	.	$\frac{1}{4}$	.	$\frac{1}{5}$	
Y.	$\frac{1}{5}$	.	$\frac{1}{4}$	.	$\frac{1}{3}$	.	$\frac{1}{2}$	.	$\frac{1}{1}$	

à l'antépénultiéme &c. en P: je donne à ce déplacement des intervalles successifs de la progr. A, le nom de permutation reguliere de ces intery. On pourroit donner ce me semble à la progres. harm. le nom de permutée d'une prog. arith. procédant dans le même sens qui auroit le même nombre de termes & les extrêmes dans le même rapport; il est aisé de déduire de cette notion la propriété de l'art. 43. & sans avoir recours à l'inversion, on peut former la progression P par la méthode de l'art. 22. Quoique les deux progres. procedent dans le même sens, la grandeur des intervalles succ. va en décroissant en A, en croissant en P. la progr. A donne une chaîne de progr. arith. B. la progr. P donne la chaîne en Q; mais la premiere chaîne se présente en A sans changer l'expression des interv. & la seconde ne se trouve en P qu'en les réduisant à la plus simple, un même terme se repete dans chaque proport. arith. de l'une & de l'autre; mais là, c'est dans les moyens, ici c'est dans les extrêmes.

46 Dans les progressions géom. arith. & harm. un terme également éloigné de deux autres, est moyen géomét. ou arith. ou harm. entre les deux.

47 *Des modes de chant, leur division en majeur & mineur.* L'oreille ne forme point un chant sans se proposer une octave qui regle le nombre des sons qu'elle doit employer, ainsi que la grandeur des intervalles successifs que ces sons doivent former, du moins nous le supposons; cette octave s'appelle mode; le premier son s'appelle tonique. Selon que son

L'Arithmétique

accord parfait est majeur ou mineur, le mode est dit majeur ou mineur; la tierce de l'accord de tonique s'appelle médiante, & sa quinte la dominante du mode, la tierce majeure de celle-ci s'appelle la sensible du mode.

Le demi-ton majeur a encore le nom de diatonum & le mineur celui de chroma. On donne aux progr. mixtes de diat. & de tons en A, C, D, le nom de progr. diatonique, à celle de diat. & de chroma, comme de *sol* à *ut* aigu en B, le nom de chromatique; dans l'ex. de cet art. *t. d. c.* signifient ton, diatonum, chroma;

Division du mode min. en octave ascendante & descendante. Dans le mode min. selon que le chant monte ou descend diatoniquement, des deux tons & du diatonum que la progr. renferme

A.	B.	C.	D.
	ut d.		
	si t.		
ut d.	si♭ d.	ut d.	ut d.
si t.	la d.	si♭ t.	si t.
la t.	la♭ d.	la t.	la t.
sol t.	sol t.	sol t.	sol t.
fa d.	fa t.	fa d.	fa d.
mi t.	mi t.	mi♭ t.	mi♭ t.
re t.	re d.	re t.	re d.
ut	ut	ut	ut

de la domin. à la tonique aigue ou de celle-ci à la domin. le dernier se place de la sixte du mode à la domin. ou de la sensible à la tonique ; de là résulte un partage du mode min. B en deux octaves, l'une descendante C, l'autre ascend. D; on peut former de suite les cinq interv. en prog. chrom. qu'on voit en B.

Division des modes en principal & relatifs. Entre le commencement & la fin d'une pièce de musique, on peut passer dans un mode qui ait pour tonique un autre son que celui par le mode duquel on a commencé ; nous distinguons le premier mode des autres par les noms de principal & de relatifs, il en sera de même des toniques. *ut* sera censé toniq. princip. tant que je n'avertirai point du contraire. Le mode princ. d'*ut*, a sept modes relatifs, trois maj. *sol. fa. si♭.* & quatre min. *sol. re. la. mi.* Le princ. min. d'*ut* en a cinq relatifs, trois maj. *la♭. mi♭. si♭.* & deux min. *fa. sol.* ces 5 prennent l'acc. parf. de tonique dans l'octave min. descend. d'*ut* ; en conséquence une pièce de musique pourra renfermer treize sons de différens noms, si le mode princ. est maj. & douze s'il est mineur. *re♭, re, re♯,* sont des noms différens.

Division des modes en simples & composés. Nous appellons l'assemblage des treize sons en E octave ou mode composé majeur d'*ut*, celui de douze sons en F, octave composée mineure, les modes en A, B seront dits simples relativement à ceux-ci. La réunion des deux octaves composées d'un son sera son octave générale, on voit les noms de celle d'*ut*, col. 2 table 16.

8 Deux intervalles qui placés de suite, remplissent l'octave comme une tierce majeure & une sixte mineure seront dits complément l'un de l'autre.

E.	F.
ut	
si	ut
si♭	si
la	si♭
sol♯	la
sol	la♭
fa♯	sol
fa	fa♯
mi	fa
mi♭	mi
re♯	mi♭
re	re
ut♯	re♭
ut	ut

des Musiciens.

45 *Sistême numérique de l'octave majeure simple d'ut.* Si sur chacun des termes de la progr. triple ∺ 1 . 3 . 9 on construit une progr. arith. semblable à ∺ 1 . 3 . 5, on aura la table 1 ; si on multiplie chaque progr. arith. de cette tab. par chacune des progr. doubles ∺ 16 . 8 . 4, ∺ 8 . 4 . 2, ∺ 4 . 2 . 1, on aura trois progr. arith. semblables chacune à ∺ 4 . 5 . 6 construites sur une prog. triple ∺ 16 . 24 . 36, c'est ce qu'on voit table 2. Qu'on multiplie les sons *fa* & *la*, & qu'on divise le son *re*, table 2, par 2, qu'on fasse une suite de ces trois sons & des quatre autres de la même table, qu'on y ajoûte le double du nombre d'*ut*, on aura la table 3.

S. N. de l'octave descend. min. d'ut. Si on prend chaque terme d'une progr. triple ∺ 5 . 15 . 45. Pour le moyen d'une prog. harm. semblable à ⌒ 3 . 5 . 15, on aura la table 4 ; si on multiplie chacune de ces prog. harm. par chacune des progr. doubles ∺ 32 . 16 . 8, ∺ 16 . 8 . 4, ∺ 8 . 4 . 2, on aura table 5, trois progr. harm. semblables chac. à ⌒ 10 . 12 . 15. construites sur une progr. demi-triple ∺ 80 . 120 . 180. Qu'on multiplie *fa* & *la* ♮, & qu'on divise *re* table 5. par 2, qu'on y ajoûte le double d'*ut*, la table 5 deviendra la table 6.

Je donne aux trois premieres tables le nom d'octave majeure simple, aux trois suivantes celui d'octave desc. mineure ; j'appelle primitives les octaves des tables 1 & 4, & primitives rapprochées, celles des tables 2 & 5, j'appelle les progr. arith. & harm. des tables 1 & 4, des accords maj. & min. primitifs, celles des tables 2 & 5 des accords parfaits maj. & min. simplement, le tout dans le S. N.

51 Il suffit de considérer la progr. arith. $\begin{smallmatrix}1 & . & 2 & . & 3 & . & 4 & . & 5 & . & 6 \\ ut & . & ut & . & sol & . & ut & . & mi & . & sol\end{smallmatrix}$ ou l'harmoniq. $\begin{smallmatrix}10 & . & 15 & . & 15 & . & 20 & . & 30 & . & 60 \\ ut & . & mi \flat & . & sol & . & ut & . & sol & . & sol\end{smallmatrix}$, pour connoître que l'octave d'un son est moyen arith. entre ce son & sa douziéme parf., que la quinte parf. l'est entre un son & son octave &c. ou que la tierce min. d'un son est moyen harm. entre ce son & sa quinte parf., que la tierce maj. l'est entre un son & sa sixte maj. parf. &c. le tout dans le S. N.

52. *Réunion de ces deux octaves. Progrès des sons à l'infini.* En multipliant tous les termes de la table 1 par 5, on pourra réunir les deux octaves primitives que nous venons de faire connoître, leur réunion donnera la table 7. On y remarquera de gauche à droite toutes progr. triples, & de bas en haut toutes progr. quintuples ou formées ou naissantes ; il ne faut qu'étendre les progr. quintuples tant en montant qu'en descendant pour avoir la table 8 ; les sons que nous y avons exprimés en nombres sont le S. N. de l'octave générale primitive d'*ut* ; la table 9 renferme des progr. quadruples construites sur une double ; si on multiplie la table 8 par la table 9, on aura table 10 le S. N. de l'octave gén. rapprochée d'*ut*, les progr. géom. y deviennent quart de quintuples & demi-triples. Si on entrelaisse deux à deux, les progr. quintuples table 8, en faisant rentrer la seconde dans la premiere, la troisième dans la seconde &c. on aura table 11 en *A* trois chaînes d'acc. primitifs ; si on en fait de même des progr. demi-triples table 10, on aura table 11 en *C* trois chaînes d'acc. parfaits. En *A* comme en *C*, ils sont alternativement maj. & min. ; on peut étendre les progr. quintuples & quadruples, & par conséquent les quart de quintuples à l'infini, alors on aura les octaves primitives infinies ; les chaînes d'acc. en *A* le seront aussi, celles en *C* seront toujours bornées à huit termes, mais le nombre en sera illimité.

10　　　　　　　　　　*L'Arithmétique*

53 *S. N. de l'octave générale d'ut.* Multipliés les sons *re♭. fa. la♭. la*, divisés *re . re♯ . fa♯* de la table 10 par 2 ; laissez les autres tels qu'ils sont, ajoûtez-y le double d'*ut*, & vous aurez table 12 le S. N. de l'octave génér. d'*ut*, on n'a qu'à consulter l'art. 48 pour y discerner dans le S. N. les diverses octaves d'*ut*, elle renferme trois modes maj. simples semblables entr'eux, *la♭ . ut . mi*.

54 *Octave infinie du S. N. déployée par quintes.* La table 13 est de *re♭* à *re♯*, le S. N. de l'octave génér. d'*ut* déployée par quintes ; elle se forme en multipliant chaque progr. triple de la tab. 8 par $\div 8 . 4 . 2 . 1$, on y remarquera deux sortes de progr. géom. l'une quintuple de cinq en cinq termes, l'autre demi-triple ; celle-ci ne comprend que quatre termes consécutifs & s'interrompt au cinquième ; en conséquence le S. N. n'a qu'une espèce de tierce maj. mais il a deux espèces de quintes ; cette duplicité s'étend à toutes les consonances & à tous les interv. du second ordre, excepté la tierce majeure, son complément, leurs composés & les complémens de ces composés ; l'unique différence qui fasse la distinction, dont nous parlons ici, est le comma.

55 La table 14 renferme tous les interv. du S. N. que j'ai crû dignes d'être remarqués ; les dénominations de *fort, foible, parfait* distinguent les deux espèces d'une consonance, celles de *grand* & de *petit*, les deux de tout autre interv. excepté qu'aux deux espèces de ton, nous conservons les noms de maj. & de min. les deux sons qui répondent colomne 1. table 14. à un intervalle, en comprennent un pareil table 12 ; en considérant ces deux sons sur la table 8, tous ceux qui deux à deux y sont dans la même situation respective, comprennent ce même interv. dans la table 12 prolongée autant que de besoin ; de cette duplicité d'espèce il résulte dans plusieurs accords une imperfection qui dément leur nom, & qui dans la plûpart des modes relatifs tombe sur les plus intéressans comme sur ceux qui le sont le moins ; de là encore entre presque tous les modes d'une même espèce, une dissemblance, qu'on auroit bien de la peine, ce me semble, à faire passer pour autre chose qu'une bizarrerie importune ; ainsi des quatre modes min. *ut . sol . re . la*, il n'y en a pas deux qui soient parfaitement semblables.

Nous supposons que la perfection de l'accord dit parfait dépend d'avoir ses sons en progr. arith. $\div 1 . 3 . 5$, ou har. $\sim 3 . 5 . 15$, ou à pouvoir y être ramenés par les octaves, & que celle des consonances consiste à en descendre de même.

56 *Sistême tempéré.* Si on répartit sur quatre quintes le défaut qui se trouve dans une seule, toutes les quintes, quartes, tierces min. & sixte maj. seront altérées, mais ce ne sera que d'un quart de c. Les tierces maj. conserveront toute leur perfection, & les deux espèces dans chaque interv. où elles se trouvoient seront réduites à une valeur entre la grande & la petite ; c'est à ce sist. que je donne le nom de tempéré ; la table 15 en présente l'octave déployée ; les expressions des sons col. 1. y sont précises, mais un son comme *ut* y étant exprimé par un nombre, il n'y a que ceux de la prog. des dix-septièmes maj. ou entre ce son qui puisse à la rigueur s'exprimer par des nombres, tous les autres quoique de cinq en cinq commensurables entr'eux sont incommensurables avec ceux-ci ; c'est de là que je tire le nom de numérique par lequel je distingue le 1er. sist. du 2e. ; les nombres col. 3. table 15 sont des expressions

approchées des sons. R4. 1. R4. 5. &c. col. 1. tab. 15, signifient rac. 4. de 1, rac. 4. de 5. &c.

Le S. N. du mode maj. simple table 3, est ce qu'on appelle S. diatonique parfait; ce nom n'est véritablement juste à aucun égard, ce sist. ne comprend que deux diatonum, & il ne peut être appellé parfait que par ceux qui n'y trouveroient aucun défaut, d'ailleurs il est impossible d'étendre ce nom à toutes les diverses octaves que la connoissance des modes apprend à discerner.

57 Nous avons pris un son comme *ut* pour tonique principale dans toutes les especes de modes, pour faire distinguer d'un coup d'œil sur une même octave déployée les sons qui sont propres à chacun, de ceux qui leur sont communs, avec l'ordre dans lequel ils se trouvent sur cette octave. On y remarquera que les toniques relat. d'*ut* maj. sont presque toutes au-dessus d'*ut*, celles d'*ut* min. presque toutes au-dessous, que le son *ut* y est moyen géom. entre les deux extrêmes de sa modulation générale; que l'octave maj. simple, la descendante mineure, les composées maj. & min. & l'octave génér. y sont toutes progressions géomét. On y distinguera les diverses octaves d'une tonique princip. quelconque aussi aisément que celles d'*ut*, ainsi l'octave gén. de *mi* comprend les sons depuis *fa* jusqu'à *fa*𝄪.

Si par licence ou par telle regle qu'on voudra l'octave génér. s'étendoit à plus de quinze sons, on prendroit ceux qu'on ajoûteroit aux quinze sons où nous la bornons, dans les quintes au-dessus de *re*𝄪 ou au-dessous de *re*♭, vers l'une & l'autre extrémité, la source est inépuisable.

58 *Evaluation des intervalles en degrés.* On peut nombrer les interv. successifs qui se trouvent dans une progr. géom. comme on nombre des pouces sur une mesure d'un pied; au premier terme on ne peut compter aucun interv.; mais on peut en compter un au second, deux au 3me. &c. Entre les deux termes d'un interv. on peut imaginer autant de moyens géom. qu'on veut, si entre deux termes consécutifs en A, on conçoit 9999999 moyens, alors au lieu d'un interv. on en comptera 10000000 de 1 à 10, 20000000 de 1 à 100, &c. De l'unité à chacun des 40000001 termes de la progr. imaginée en A dont 1 & 10000 sont les extrêmes, on peut compter autant de petits interv.

Nomb.	Logarith.
A. 1	00000000
10	10000000
100	20000000
1000	30000000
10000	40000000

moins 1 qu'il y a d'unités dans le nombre ordinal de ce terme, on en compteroit 6 au 7e. terme, 15 au 16e. terme &c.; la somme de petits interv. compris depuis l'unité jusqu'à un autre terme de la prog. géom. imaginée en A, est ce que j'appelle le logarithme de ce terme.

Qu'on se représente maintenant les nombres naturels 1. 2. 3. 4. 5. &c. de 1 à 10000 dispersés parmi les 40000001 termes de la progression; il n'en sera aucun, qui s'il n'est pas un de ces termes, ne se trouve entre deux qui s'y suivent immédiatement; la somme des petits intervalles compris depuis l'unité jusqu'à ce nombre naturel, ne différera donc de celle qui se trouve depuis l'unité jusqu'à un de ces deux termes que d'une partie d'un des petits intervalles dont il y en a 10000000 dans : 1 . 10 ; craindra-t-on de se tromper en prenant le logarithme d'un de ces deux termes pour le logarithme de ce nombre ?

Dans cette idée que je donne des logarithmes, qu'on considere la table 17, & on trouvera 3010300 des petits interv. que je viens de dire dans : 1. 2, c'est-à-dire dans l'octave, 4771213 dans : 1 . 3 ou la 12e. parf., 6989700 dans : 1 . 5 &c. J'ajoûte deux principes ; 1S5 ou 4S5 &c. signifiera la somme de petits interv. compris entre 1 & 5, ou entre 4 & 5, &c.

59 Le premier est, qu'on connoîtra la somme de petits interv. compris entre 2 & 3 ou 4 & 5 en retranchant 1S2 de 1S3, ou 1S4 de 1S5, car ce qui s'en trouve de 1 à 2, ou de 1 à 4 est étranger à ce qui s'en trouve de 2 à 3 ou de 4 à 5.

60 Le second principe est que deux intervalles étant égaux comme : 1.3 & : 3.9, alors 1S3 vaut 3S9, car deux rapports composés de rapports égaux doivent renfermer chacun un pareil nombre des composans.

61 Nous pourrions employer les logarithmes tels qu'ils se trouvent dans les tables, mais le partage qu'ils font des intervalles est trop délicat pour notre objet, il le sera suffisamment en le restreignant au millieme. Pour le restreindre ainsi, je commence par retrancher les deux derniers caracteres à droite de chaque log. dont je fais usage, & je divise ce qui reste par 10, le logarith. de 2 devient 3010.3, celui de 3, 4771.2, &c. Je donne au log. ainsi réduit le nom de log. préparé, & aux petits intervalles dont il indique la somme le nom de degrés. Les degrés qu'un intervalle renferme sont ce que j'appellerai par la suite sa valeur. Dans 3010.3, 1760.9, &c. le dernier caractere séparé des autres par un point, indique une fraction qui a toûjours 10 pour dénominateur & ce caractere pour numérateur. : 4341.4342 est l'expression du moins approchée de l'interv. d'un degré.

62 *Calcul les intervalles & comparaison des systêmes réduits à des opérations d'une extrême simplicité.* On aura la valeur d'un intervalle quelconque comme de la quinte parf. en G en prenant la différ. des log. préparés de ses deux termes.

G.	3	4771.2
	2	3010.3
diff.		1760.9

63 Pour avoir la différ. en degrés d'un interv. à un autre, il ne faut que soustraire la valeur du grand de celle du petit.

64 Il suffit des valeurs de l'octave, de la tierce maj. & de la quinte parf. pour avoir celles de tous les interv. du S. N. table 14, la valeur de la quinte parf. ôtée de celle de l'octave, donne celle de la quarte parf, celle-ci ôtée de la quinte, donne la valeur du ton maj. &c.

65. On connoîtra de quelle maniere un interv. est contenu dans un autre en divisant la valeur du grand par celle du petit. C'est ainsi qu'on sçaura que le ton maj. vaut 9 c. & demi, l'octave 55 c. & 4. 5mes de c. l'enhar. 2 c. moins un onzieme de c. &c.

66 Pour connoître la valeur du quart, du cinquieme &c. d'un intervalle, il ne faut que diviser celle de cet intervalle par 4, par 5, &c., c'est ainsi que nous avons formé table 18 les degrés de diverses fractions du comma.

des Musiciens.

67 Pour doubler, tripler, &c. la valeur d'un interv. il ne faut que multiplier sa valeur par 2, par 3, &c. Pour former celle d'un interv. composé il ne faut qu'ajouter celles des composans.

68 Connoissant les degrés d'un interv. on aura une expression approchée de ses termes ou de ses chordes en cherchant dans les tables des logarithmes deux nombres dont les logarithmes préparés contiennent le même nombre de degrés.

69 La col. 4. table 15. renferme les valeurs d'une suite de quintes temp. à commencer par celle de *re♯* à *la♭* : Pour former les valeurs col. 3. table 16, il ne faut que connoître celles de la quinte tempérée [a] & de l'octave, l'une ôtée de l'autre donne celle de la quarte tempérée : celle-ci ôtée de celle de la quinte donne la val. du ton, celle-ci doublée est la val. de la tierce maj. &c. la col. 1. table 16. donne des expressions approchées des sons déduites de celles de la col. 3. table 15. les col. 5 & 6 table 16 sont chacune une expression des chordes du S. T. elles se trouvent [68] en supposant que la grande chorde de chaque intervalle vaut 6000 ou 2000.

70 *Principe d'une description appr. des chordes du S. T. sans le secours des col. 5 & 6 de la table 16.* Sur une chorde d'*ut* AZ fig. 1, marqués le point de la 17e. *mi*, marqués les points de trois quintes parf. *sol . re . la.* au-dessus d'*ut*, ensuite ceux de trois quintes parf. *la . re . sol* au-dessous de *mi*, il se formera trois entretouches de comma QR, NT, FU : on les divisera chacun également en 4, & les points du premier quart de cette division au-dessous de F, du second quart au-dessous de N, du troisième quart au-dessous de Q seront les points approchés de *sol . re . la* tempérés.

Pour trouver dans des espaces plus sensibles les doubles points de *sol . re . la :* prenés en partant d'*ut* en A fig. 2, le point de sa quinte parf. *sol*, celui de la quarte parf. *re* au-dessous de ce *sol*, & celui de la quinte parf. *la* au-dessus de ce *re* : partés ensuite de *mi* tierce maj. d'*ut*, & prenés le point de la quarte parf. *la* au-dessus de *mi*, &c. la figure explique le reste de l'opération. On trouvera de même les points entre *la♯* & *ut* ; *mi* & *sol♯* : & ceux de *re♯* & *re♭* en prenant les points de tierce maj. au-dessous de *fa* & au-dessus de *si*.

71 Dans le S. T. le diat. & le chr., le ton & la tierce dim., la seconde sup. & la tierce min., la quarte dim. & la tierce majeure &c. différent d'un enhar.

72 *Sist. de la division de l'octave en 31.* Les cinq sist. dont nous allons parler, sont des sist. de quintes égales. La col. 8 table 16 mise en regard avec la col. 4, exprime celui de la div. de l'octave en 31 interv. égaux, il donne deux de ces 31 au chr., trois au diat. cinq au ton &c. : la col. 7 exprime le S. T. évalué en degrés dont il y en auroit 3100 dans l'octave, les nombres 200, 300, 500, &c. expriment comme la col. 8 le S. de la div. en 31 & les nombres précédés des signes plus & moins indiquent les petites différ. des interv. de même nom des deux sistèmes en degrés dont l'octave en comprendroit 3100. Une seule opération de règle de trois donne la valeur de la quinte col. 7. 3010.3 . 1747.4 :: 3100 . 1799.3.

_____

(a) Sa valeur est celle de la quinte parfaite diminuée de un quart de c, ou le quart de la valeur de : 3 . 5.

73 *Sist. de M. Sauveur.* M. Sauveur conserve le demi-ton maj. du S. N. on voit en *A* trois termes de l'octave déployée de son sist. on a la valeur de sa quinte en divisant par 5 la diff. des log. préparés de 2 & de 15, elle est plus petite que : 2. 3 d'un 5me de c., sa tierce maj. est plus grande que : 4. 5 d'un 5me de c., sa tierce min. plus petite que : 5. 6 de deux 5mes de c.

La table 19 col. 1 donne les valeurs des interv. de ce sist. en négligeant les fractions. M. Sauveur partage l'octave en 43 interv. égaux qu'il appelle merides, la meride en 7 qu'il appelle eptamerides, & l'eptameride en 10 qu'il appelle decamerides, ce qui donne 3010 décam. dans l'octave, la col. 2 présente le partage en merides, la tierce mineure en vaut 11, la maj. 14 &c, si on retranche le zero final de chaque nombre de la col. 1, les valeurs seront exprimées en eptamerides : ce sist. donne lieu d'observer que l'octave contient 43 quarts de petit diat.

74 *Sist. de Pythagore.* La table 20 donne les valeurs de l'octave génér. du sist. de la quinte parfaite, toute tierce min. y est plus petite que : 5. 6, toute tierce maj. plus grande que : 4. 5 d'un comma, on remarquera que le diatonum y est surpassé par le chroma, la tierce dimin. par le ton, la tierce min. par la seconde sup., la quarte dimin. par la tierce maj. &c. L'octave maj. simple dans ce sist., est celui qu'on attribue à Pythagore, il a pour octave deployée une progr. triple divisée par une double.

$$A. \frac{1}{\sqrt[5]{\frac{15}{2}}} . \sqrt[5]{1} . \sqrt[5]{\frac{15}{2}} . \quad B.: \sqrt[12]{1} . \sqrt[12]{128} . \quad C.: \sqrt[12]{1} . \sqrt[12]{2} .$$

75 *Sist. des onze moyennes proportionnelles, ou de la division de l'octave en douze.* La table 21 donne les degrés du S. des onze moyen. prop., il renferme douze demi-tons égaux : on voit l'expression de sa quinte en *B*, celle du demi-ton en *C*, la tierce mineure y est plus petite que : 5. 6 de trois quarts de c. environ, la tierce maj. plus grande que : 4. 5, d'un tiers d'enhar. On y remarquera la confusion de tous les interv. qui dans le S. T. diffèrent d'un enhar.

76 *Sist. de la division de l'octave en 55 parties.* Le sist. de la division en 55 parties en donne 4 au chroma, 5 au diat. 18 à la tierce maj. 32 à la quinte &c. Ce sist. est faussement dit des 55 comma, la 55e. partie de l'octave vaut 54 degrés & 8 onzièmes de deg. : 18 comma ne font que 970 deg. & deux dixièmes de degré, & 18 fois la 55me part. de l'octave donne plus de 985 deg.

77 *Observation gén. sur tous les sist. de quintes égales.* Dans tout sist. de quintes égales, si la quinte étant plus foible que la parfaite ne l'est pas tout à fait d'un quart de c. la tierce maj. surpassera : 4. 5 du quadruple de la différence de cette altération à un quart de c. & la tierce min. sera altérée au-delà du quart de c. du triple de cette différ. : si la tierce min. y est parf., la quinte & la tierce maj. seront baissées chacune d'un tiers de c. si la quinte est baissée de plus d'un quart de c. sans l'être tout à fait d'un tiers de c. ; il y aura des consonances altérées de plus d'un quart de c. & elles le seront toutes sans exception ; en conséquence de ces remarques, je crois pouvoir avancer que si les avantages d'un sistème de quintes égales, consistent 1°. à altérer le moindre nombre possible de consonances. 2°. A y apporter la moindre altération possible, le sist. T. aura

des Muſiciens. 15

toujours le ſecond avantage ſur les deux ſeuls avec qui il partage le premier & les deux ſur tous les autres.

78 *Expérience pour vérifier ſi toutes les conſonances que forme la voix ſont parfaites.* Si en chantant *ut . fa . re . ſol . ut*, ou *ut . ſol . re . fa . ut*, pluſieurs fois de ſuite, toutes les conſonances étoient parfaites, le dernier *ut* à chaque fois baiſſeroit ou hauſſeroit d'un comma, & ſeroit à la 100. fois plus grave ou plus aigu que le premier de plus d'un ton. L'idée de cette expérience n'eſt pas nouvelle, je n'ai vû nulle part celles qui ſuivent.

79 *Expér. qu'on propoſe de faire pour décider ſi le ſiſt. num. eſt réel.* Je laiſſe libre dans le ſiſt. num. le choix de la place de la quinte foible pourvû que de quatre conſécutives il y en ait une : je ſuppoſe que quelque note qu'on prenne pour tonique principale d'un même chant, les ſons garderont toujours les mêmes proportions : cela poſé qu'on chante ſucceſſivement ſur les cinq toniques *ut . ſol . re . la . mi*, un même air : ſi la quinte de la tonique principale à la dominante eſt ſuppoſée parfaite, elle le ſera dans les modes de *ſol . re . la . mi*, comme dans celui d'*ut*. Donc *mi* derniere tonique étant portée dans la ſeconde octave au-deſſus d'*ut* premiere tonique, l'intervalle ſera de quatre quintes parfaites, donc *mi* dern. tonique ſera d'un c. plus élevée que *mi* tierce maj. de la premiere tonique *ut* : maintenant qu'à la ſuite de la derniere tonique *mi*, on forme un *ut*. Je ne penſe pas que quelqu'un qui admettra la réalité du ſiſt. num. conteſte que cet *ut* ne ſoit à la tierce maj. : 4. 5 au-deſſous de ce *mi*, cela poſé cet *ut* ſera d'un comma plus élevé que *ut* premiere tonique. Qu'on faſſe repaſſer pluſieurs fois le même air ſur les cinq toniques, à chaque fois l'*ut* s'élevera d'un nouveau comma, il ne faudroit qu'y paſſer deux fois de ſuite pour avoir un *ut* plus aigu de plus d'un enharm. que le premier, qu'on retrouveroit toujours ſur une chorde à l'uniſſon de laquelle on l'auroit pris : ſi par bizarrerie on plaçoit la quinte foible d'une tonique principale à la dominante, les quatre quintes d'*ut* premiere tonique à la derniere *mi* ſeroient toutes foibles, & par conſéquent dès la premiere fois, le dernier *ut* ſeroit de trois comma plus grave que le premier. Si le ſon *ut* eſt toujours le même, donc la quinte d'une tonique principale à ſa domin. n'eſt ni la parfaite ni la foible, donc le ſiſt. num. qui n'en connoît point d'autre, ne ſera point réel.

80 *Autre expér. ſur le ſiſt. num.* Ayez deux chordes A, B, que la voix prenne *ut* à l'uniſſon d'A, tendés l'autre B à l'uniſſon du ſon de la voix qu'on ſuppoſera au grave de l'intervalle de quinte foible, par exemple, du *re* de la voix : marqués ſur B le point de la quinte foible du ſon de B, & celui de trois quarts de c. au-deſſus du point de cette quinte, enſuite parcourant l'octave maj. ſimple d'*ut*, qu'on éprouve avec quel ſon des deux dont les points ſeront marqués ſur B, le *la* de la voix coincide.

81 *Expérience ſur les ſiſt. de la quinte parf. & des onze moy. prop.* Trois tierces maj. ſont moindres d'un enharm. que l'octave dans le ſiſt. T. elles valent l'octave dans celui des onze moy. prop. & la ſurpaſſent dans celui de la quinte parf. d'un comma & d'un comma minime : ayant marqué ſur une chorde *ut* le point de ſon octave, on éprouvera ſi le *ſi*✕ de la voix n'eſt pas toujours très-ſenſiblement au-deſſous de ce point.

82. *Expérience pour décider du ſiſt. de M. Sauveur & de celui de la diviſion en 55.* Que ſur une chorde *ut* on marque le point de *ſol*✕ du S. T.

& le point de l'enharm. au-dessous de ce point de sol♯, on aura celui du fa 3 ♯ du sist. T.: qu'on marque ensuite le point d'un comma au-dessus de ce point de fa 3 ♯, ce sera celui du fa 3 ♯ de M. Sauveur. Cela posé qu'une voix prenant *ut* à l'unisson de la chorde à vuide, forme de suite cinq interv. de tierce maj. ou alternativement de tierce maj. & de sixte min. (il m'a paru qu'on formoit aisément la tierce d'un son, en formant auparavant sa quinte) & qu'on éprouve avec lequel des deux fa 3 ♯ donnés par la chorde celui de la voix coincide. Le fa 3 ♯ du sist. des 55 parties, seroit plus élevé que celui de M. Sauveur d'un peu plus d'un demi c.

83 *Derniere expér.* Que sur la chorde de l'art. précédent on marque le point du comma au-dessous comme au-dessus de celui de fa 3 ♯ du S. T. qu'on partage les entretouches de chaque comma en quatre ou en cinq &c. si on éprouve que le fa 3 ♯ de la voix tombe entre les points du comma en dessus & de celui en dessous, qu'on éprouve encore entre ces points de division quels seroient les deux dont les sons l'un au-dessus l'autre au-dessous du fa 3 ♯ de la voix, paroîtroient se confondre également avec ce fa 3 ♯: il faudroit être bien difficile pour ne pas convenir que celui-ci fut moyen entre les deux. On sent bien que la plûpart de ces expér. demandent des voix distinguées par leur justesse.

84 J'ai vû un sist. de l'octave nat. d'*ut* | Y. *ut   re   mi   fa   sol   la   si   ut*
t. maj. t. min. p. diat. t. maj. t. maj. t. min. p. diat.

dont on voit l'ordre en Y, il est aisé d'éprouver si du fa au la dans cette octave la voix forme une tierce maj. plus grande que : 4. 5 d'un comma. En développant ce sistême, il présente du fa au mi, quatre quintes parf. & une foible, si on continue dans cet ordre une octave déployée par quintes, & qu'on mette ensuite l'égalité entre les cinq du fa au mi, du mi au re♯ &c. on aura précisément le sist. de M. Sauveur.

85 En attendant la décision de l'expérience sur le vrai sist. de la voix, nous supposerons que c'est le tempéré.

86 *Description du sist. me tempéré sur la viole & le violoncelle.* Les onze touches placées fig. 3, sur le manche d'une viole dans le même espace où l'on n'en met que 7, donnent quinze modes composés, sept majeurs *mi*. *si*. *fa*. *ut*. *sol*. *re*. *la*, & 8 min. *fa*. *ut*. *sol*. *re*. *la*. *mi*. *si*. *fa*♯, il ne manque au mode majeur de *mi* que le fa 2 ♯ sur la premiere & la sixiéme chorde: la touche G portée à un enharmon. au-dessous de H, donneroit ce son sur ces chordes: il ne manqueroit alors au mode maj. de *si* que *ut* 2 ♯ moyen entre ceux des seconde & sixiéme chordes, on l'auroit s'il en étoit besoin en déplaçant encore L ou B. Le mode maj. de *mi* completeroit les mineurs d'*ut*♯ & *sol*♯. La touche D placée à un enharm. au-dessus de C. completeroit les mineurs composés de *si*♭ & *mi*♭, & les maj. comp. de *la*♭ & *re*♭: la ligne sur laquelle on auroit à porter une touche destinée à être déplacée seroit tracée sur le dessous du manche, on mettroit un petit coin entre ce dessous & cette touche, dans la partie qui répond aux dernieres chordes: on insinueroit ce coin plus avant, lorsque la touche descendroit, moins avant lorsqu'elle monteroit: en tournant de droite à gauche le plan des quatre dernieres chordes, on verra l'effet des onze touches sur le violoncelle, elles y donnent treize modes comp., six maj. de *mi*♭ à *re*, sept min. de *fa* à *si*. J'appelle mode
complet

complet sur la viole, lorsqu'il a trois sons de chaque nom à l'octave l'un de l'autre dans l'intervalle des touches.

87 *Siſt. de l'accord du claveſſin & de l'orgue. Hypothèſes de la diſtribution de l'enharm. dont cinq des douze quintes de ce ſiſt. en ſurpaſſent cinq du ſiſt* T. La col. 1. tab. 22 préſente les noms des ſons de l'octave déployée de l'acc. du clav., le *la*✗ n'y eſt qu'une des oct. de ſi ♭ ; les ſept quintes de ſi ♯ à ſi ſont du ſiſt. T., les cinq de ſi à *la*✗ excedent en total cinq quintes du ſiſt. T. d'un enharm. qui s'y diſtribue inégalement & de maniere qu'elles vont toujours en croiſſant. Je propoſe deux hyp. d'accroiſſemens pour ces 5 quintes ; on voit la valeur de chacune priſe ſolitairement en P ſuivant la premiere hyp., en S ſuivant la ſeconde ; *a* ſignifie la valeur d'une quinte tempérée, *q* vaut un 15me d'enharm., *r* vaut un 35me d'enhar. les nombres en P ſont du ſecond ordre, ceux en S du 3me ordre. Les tab. 23 & 24 préſentent en degrés l'octave du clav. l'une ſelon la 1re hyp. l'autre ſuivant la 2e. les degrés de la tab. 22 ſont relatifs à la premiere hyp.

88 *Maniere d'évaluer dans ces hyp. les diff. du ſiſt. du clav. au ſiſt. T. dans tous les modes imaginables, la tonique étant la même pour les deux ſiſt.* La table 25 concerne l'explication que je vais donner. Suppoſons qu'il s'agiſſe du mode de ſi & qu'on ſe regle par la premiere hyp. Je lui donne 15 noms de ſons col. 2. comme dans le ſiſt. T., j'écris vis-à-vis du ſi grave, du ſi ♯ & d'*ut*, les nombres qui répondent à ces noms au haut de la table 23., comme *ut* eſt ici le même ſon que ſ ✗, je repete le même nombre pour l'un & l'autre ; paſſé l'*ut* je forme les degrés répondant à chacun des autres noms en ajoutant 3010 au nombre qui y répond table 23. ; cela fait j'ôte 2716 répondant au ſi grave col. 3. table 25 de ce nombre même & de chacun des autres, les reſtes ſont par ordre col. 4. l'octave générale de ſi exprimée en degrés dans le ſiſt. du clav. ſelon la premiere hyp.

J'écris col. 1. table 25. les degrés répondant table 16. aux 15 ſons du ſiſt. T., de l'un des deux nombres qui ſe répondent col. 1. & 4, je retranche l'autre, j'écris leur différence col. 5. ; + , ou — , ou o , mis à la ſuite de la différ. indique que le ſon du ſiſt. du clav. qui y répond eſt plus aigu ou plus grave ou de la même élévation que celui de même nom du ſiſt. T. de la valeur qui précéde ce ſigne, dans celle des deux hyp. où l'on ſe place, la tonique étant la même pour les deux ſiſt. ; la table 26 donne les différences pour l'octave de ſi dans la ſeconde hyp., la table 27 les donne pour celle de *mi* ♭ dans les deux hyp.

Dans le mode de *fa* ♯ & ceux au-deſſus, comme dans celui de *mi* ♭ & ceux au-deſſous (l'ordre des toniques étant pris dans l'octave déployée) le ſiſt. du clav. & le ſiſt. T. (la tonique étant ſuppoſée la même pour les deux ſiſt. dans chaque mode) n'ont d'ailleurs aucun ſon de commun ; on trouvera les chordes pour les tab. 23 & 24 par la prat. de l'art. 69.

89 *Soupçons ſur les nombres que l'oreille perçoit dans tous ou preſque tous les accords ſimples, c'eſt-à-dire de deux ſons.* Dans le ſiſt. T. le triton, la 2e. ſup. & la ſixte ſup. ne différent des interv. : 5.7 ; 6.7 ; 4.7

P.
$a + 5q$
$a + 4q$
$a + 3q$
$a + 2q$
$a + 1q$

S.
$a + 15r$
$a + 10r$
$a + 6r$
$a + 3r$
$a + 1r$

C

que d'un 7me ou d'un 9me de c. : il en est de même de leurs complémens par rapport à : 7. 10, : 7. 12, : 7. 8 ; : 6. 7 & : 4. 7, amplifiés l'un d'une octave, l'autre de deux deviennent : 3. 7 & : 1. 7 ; la quarte dim. & la quinte sup. n'y different de : 7. 9 & de : 9. 14 que d'un tiers de c. environ, (: 9. 14 est composé de : 3. 4 & : 6. 7). La quinte, la sixte maj. & leurs complémens n'y different des interv. parf. de même nom que d'un quart de c. La 7me min., son complément, & la 9me majeure n'y different de : 5. 9, : 9. 10 & : 4. 9 que d'un demi c. ; : 4. 9 amplifié de deux octaves devient : 1. 9.

90 Cela entendu qu'on considere la table 28, les noms de sons en A, B, C, D, indiquent des acc. de seconde sup. ; celui en E renferme quatre sons des cinq, qu'on peut faire entrer dans un acc. de quinte sup. qui se combine avec celui de seconde sup. ; je prends la liberté d'y changer la quinte sup. en quarte dimin. de *si* à *mi* ♭ : ceux en G & H sont des acc. de 9me. Je n'ai vû les quatre derniers nulle part, & je laisse aux Compositeurs à décider de leur mérite ; j'y fais entrer une sixte sup. ou une tierce dimin. : pour les former je ne fais qu'affecter d'un *bmol* la seconde du mode mineur d'*ut* dans l'acc. de dominante tonique en K, dans ceux de seconde sup. en L & M, & dans celui de quinte sup. renversé & combiné avec celui de seconde sup. en N.

Par les expressions que nous faisons répondre (art. 89.) à chaque interv. on voit assez quels nombres nous soupçonnons que l'oreille perçoit dans les accords simples, qui formeroient des interv. de même nom. Les suites de nombres de la table 28 indiquent les progr. arith. & harm. qui résulteroient de ces expressions dans quelques accords composés.

91 A l'égard des acc. simples de 7me sup. & de quinte sup. en les considérant chacun dans un acc. composé qui ne se combineroit point avec celui de seconde sup., nous proposerons de penser que l'oreille ne perçoit que leur décomposition, sçavoir : 2. 3 & : 4. 5 au lieu de : 8. 15, : 4. 5 & : 4. 5 au lieu de : 16. 25, & finalement qu'elle ne connoît dans la Musique d'autres nombres que ceux de la progr. arith. ÷ 1. 3. 5. 7. 9 ou leurs octaves.

92 Ne pourroit-on point mettre au rang des causes qui rendent un accord composé dissonant la pluralité d'accords simples semblables qu'il renferme, comme deux tierces min. & deux quintes dans l'acc. de 7me *re*. *fa*. *la*. *ut*, &c. Cette espece de répétition de la même image ne jetteroit-elle point dans l'objet une confusion.

93 Pour tâcher de concilier l'idée des nombres exacts dans l'oreille avec l'exécution du sist. T. par la voix, j'ose ajoûter un soupçon à ceux que je viens d'exposer : c'est qu'une oreille juste a une espece de diapazon reglé dont les chordes sont d'une nature propre à cet organe, que c'est l'ouvrage de la faculté la plus intelligente de l'ame si ce n'est immédiatement celui de l'ingénieur même de la nature, que pour former un son, la puissance motrice de l'organe de la voix ne fait que le mettre à l'unisson d'une de ces chordes, & que l'oreille, lorsqu'elle jouit d'un accord simple, ne fait qu'appercevoir parmi le peu de rapports qu'il lui est donné de connoître, celui dont cet accord approche le plus.

94 Un auteur a avancé que l'oreille confond la seconde sup. avec la tierce min. : confondroit elle aussi le ton & la tierce maj. avec la tierce dim. & la quarte dim. : on trouvera un acc. de seconde sup. *fa*. *sol* ♯ dans

le fragment de duo A; *fa. la* ♯ pris dans l'accord *fa . la* ♯ *. ut* seroit celui de tierce mineure ; la mesure du duo est à 3 tems.

95 Hypot. dans laquelle on donne | A. | mi re ut . si . sol ♯ sol ♯ sol ♯ . la . la la sol ♯ . la
ut si la . mi . fa fa fa . ut . re mi mi . la

la *manière de trouver l'intervalle du son propre d'une chorde à un de ses sons harm. quelconques.* Qu'on conçoive une chorde *az* divisée en un nombre quelconque de parties égales : que sans appuyer sur cette chorde on la fasse toucher par un corps très- *a* ——————*d*——————— *z* mince comme un fil de fer dans un point *d* de cette division, que nous appellerons le point du tact, pendant qu'on passera legerement un archet sur cette chorde : je suppose qu'on entendra un son qui sera celui de l'unité servant de mesure commune aux deux termes du rapp. simplifié des deux chordes partiales *ad*, *dz*, ou qui mesure *az* exprimée par la somme de ces deux termes, c'est à ce son que je donne le nom de son harm. d'*az*; si : *ad . dz.* vaut : 3.4, le son harm. sera celui d'un 7me d'*az*; divers rapports simples de : *ad. dz*, comme : 3.4, : 2 . 5, : 1. 6 donnant la même somme, le son harmonique sera toujours le même. L'interv. du son propre d'*az* au son harm. aura toujours 1 pour premier terme, & le nombre entier qui exprime *az* pour second terme, d'où il suit que cet interv. ne pourra jamais être un de ceux du sist. N. amplifié de tant d'octaves qu'on voudra, que dans le cas où celui-ci auroit pour premier terme un de ceux de la progr. double : ainsi il pourroit être de sixte maj. forte : 1 . 27, & jamais de la parfaite.

96 Un nombre du second rang col. 2. table 29, exprime la somme des termes d'un rapp. simplifié d'*ad* & *dz*, chaque rapp. de cette col. est l'expression de l'interv. du son propre d'*az* à un son harm.; tel est : 1 . 7 ou : 1 . 11 &c. lorsque la somme des termes du rapport : *ad . dz* est 7, ou 11 &c.

Je donne toujours le nom d'*ut* au son 1 d'*az* : cela posé pour sçavoir dans un interv. comme : 1 . 11 quel nom donner au son 11, je réduis : 1 . 11 à une amplitude moindre que l'octave : 8 . 11, j'en trouve (56) la valeur 1383d : la valeur répondant au *fa* ♯ col. 5. table 16 est celle qui approche le plus de 1383 : c'est pourquoi je donne table 29 au son 11 le nom de *fa* ♯, mais j'exprime ensuite moins quatre tiers de c., parce que 1383 est moindre que 1453 d'environ quatre tiers de c.

97 *Moyen de faire rendre par une même chorde en même tems deux sons dont l'intervalle ne soit point une consonance.* Si au lieu d'un corps qui touche *az* legerement en *d*, on met un chevalet & qu'on pince *ad* ou *dz*, je suppose qu'on entendra encore le même son harm., & de plus qu'une des deux chordes *ad*, *dz* pourra faire entendre le son qui lui est propre & le son harm. en même tems quel qu'il soit ; si : *ad. dz* est : 9. 1 ou : 7. 1 qu'on pince la grande chorde, qu'on éteigne tout de suite le son de la petite en passant la main dessus, & qu'on éprouve si on n'entendra pas les deux sons *ut* & *re* du sist. N. ou *ut* & un *la* ♯ approché. Pour entendre distinctement les divers sons, on appliquera l'oreille à une extrémité d'une baguette qui par l'autre portera sur le chevalet : *az* est supposée ici une chorde de leton de dix ou douze pieds.

98 Un chevalet, comme je le conçois dans cette expérience ainsi que dans celles sur les sistêmes, doit avoir une base large, avec une face perpendiculaire à cette base, & ayant pour hauteur précise, la distance de la chorde au plan qui la soutient (nous supposons la chorde parallèle au plan). Une petite languette à ressort attachée à une extrémité du tranchant du chevalet, serviroit à y assujettir la chorde, & un poids assujettiroit le chevalet sur le plan : on éviteroit de former ce poids d'une matiere capable d'affoiblir le son ; il seroit bon de faire sortir une petite éminence de la base du chevalet & de faire une rainure dans le plan parallélement à la chorde, l'éminence s'engageroit dans la rainure : on pourroit suspendre au dessous du plan le poids qu'on attacheroit à l'éminence sortant de la base du chevalet.

---

99 *Explication des propriétés les plus connues des logarithmes.* Dans toute Multiplication, l'unité, le multiplicateur, le multiplié & le produit : dans toute Division, l'unité, le diviseur, le quotient & le dividende font une proportion géométrique.

100 Soit proposé de trouver le logarithme du produit p de 4 par 8 ; : 1 . 4 vaut : 8 . p, donc (60) 1 S 4 vaut 8 S p : mais 1 S p vaut 1 S 8 plus 8 S p : donc le log. de p vaut 1 S 8 plus 1 S 4, c'est-à-dire la somme des log. de 8 & de 4. Lorsque 1 est le premier des nombres qui embrassent la lettre S, la somme qu'elle indique est le logarithme du second de ces nombres.

101 Soit proposé de trouver le log. du quotient q de 128 divisé par 8 ; : 1 . 8 vaut : q . 128, donc (60) 1 S 8 vaut q S 128 : mais 1 S 128 vaut 1 S q plus q S 128 : donc 1 S 128 moins q S 128, c'est-à-dire 1 S 128 moins 1 S 8 vaut 1 S q : donc le logarit. de q vaut le logarit. de 128 moins le logarit. du diviseur 8.

102 Soit proposé de trouver la racine 2e. ou 3e. ou 4e. de 625 que j'appelle d : j'imagine l'interv. : 1 . d partagé en 2 ou 3 ou 4 égaux : l'expression de la moitié, du tiers, du quart, est ce qu'on voit en A : mais la moitié, le tiers &c. de : 1 . d, doit renfermer la moitié, le tiers &c. de la somme des petits intervalles compris entre 1 & d, de là résultent les égalités qu'on voit en B : donc le log. de la racine 2e. ou 3e. ou 4e. &c. de d doit être la moitié, le tiers ou le quart &c. du log. de ce nombre.
$A. : 1 . \sqrt{d} ; : 1 . \sqrt[3]{d} ; : 1 . \sqrt[4]{d}. | B. 1 S \sqrt{d} = \frac{1 S d}{2} ; 1 S \sqrt[3]{d} = \frac{1 S d}{3}$.

103 Le log. d'une moy. proport. x entre deux nombres comme 2 & 8 vaut le log. du plus petit, plus la moitié de la diff. des log. de 2 & de 8, car 2 S x vaut la moitié de 2 S 8 : mais le log. d'x vaut 1 S 2 plus 2 S x, donc il vaut 1 S 2 plus la moitié de 2 S 8.

104 *Maniere d'évaluer les intervalles en degrés sans le secours des tables des logarithmes.* Cette proposition est le fondement de la construction même des tables des logarit., & en conséquence s'il n'y avoit point de tables de logarith. de faites ; on trouveroit directement l'évaluation de l'octave & des interv. du sist. N. en degrés d'une grandeur quelconque ; on en supposeroit, par exemple 4000 entre 4 & 8. Pour sçavoir ce qui s'en trouveroit entre 4 & 6, on chercheroit la moyenne x entre 4 & 8, une seconde moy. y, entre x & 8 : une troisième z, entre x & y &c ; à mesure qu'on trouveroit une moy., il seroit essentiel de former les degrés ou

Allez pour la suite à la fin de la page 24.

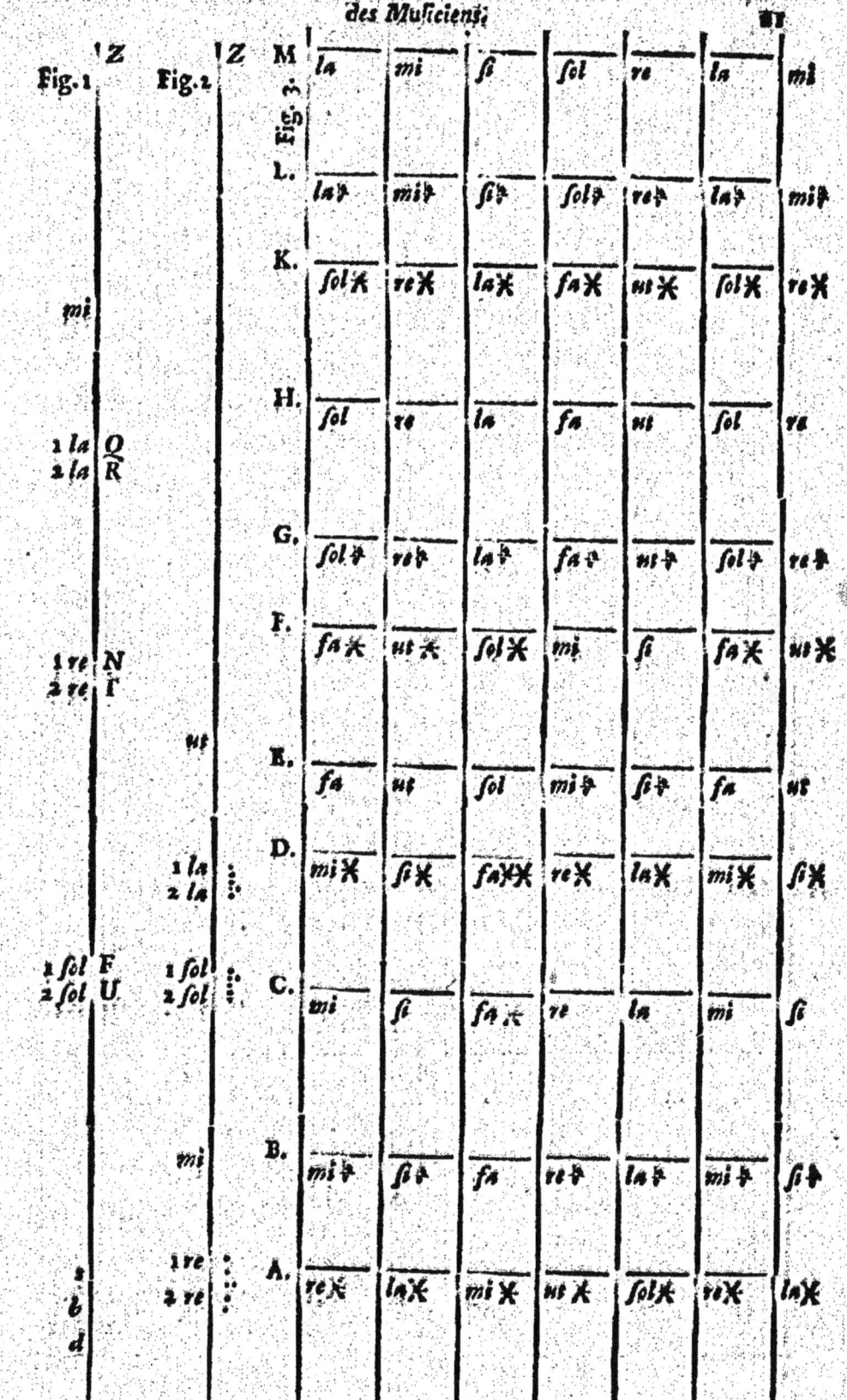

L'Arithmétique

Tab. I. | Tab. II. | Tab. III. | Tab. IV. | Tab. V. | Tab. VI. | Tab. VII.

Tab. I.	Tab. II.	Tab. III.	Tab. IV.	Tab. V.	Tab. VI.	Tab. VII.
fi .45	re .54	ut .48	re .135	re .270	ut .240	la .25
re .27	fi .45	fi .45	fol .45	fi♮ .216	fi♮ .216	fa .5
mi .15	fol .36	la .40	fi♮ .27	fol .180	la♮ .192	mi .75
fol .9	mi .30	fol .36	ut .15	mi♮ .144	fol .180	ut .15
la .5	ut .24	fa .32	mi♮ .9	ut .120	fa .160	la♮ .3
ut .3	la .20	mi .30	fa .5	la♮ .96	mi♮ .144	fi .225
fa .1	fa .16	re .27	la♮ .3	fa .80	re .135	fol .45
		ut .24			ut .120	mi♮ .9

Tab. X.

ut✶ .125×8	fol✶ .375×4	re✶ .1125×2	
la .25×32	mi .75×16	fi .225×8	fa✶ .675×4
fa .5×128	ut .15×64	fol .45×32	re .135×16
re♮ .1×512	la♮ .3×256	mi♮ .9×128	fi♮ .27×64

Tab. VIII.

mi✶	fi✶	fa✶✶	ut✶✶
ut✶ .125	fol✶ .375	re✶ .1125	la✶
la .25	mi .75	fi .225	fa✶ .675
fa .5	ut .15	fol .45	re .135
re♮ .1	la♮ .3	mi♮ .9	fi♮ .27
fi♮♮	fa♮	ut♮	fol♮

Tab. XI.

A

fol✶	re✶	la✶
ut✶ .125	fol✶ .375	re✶ .1125
mi .75	fi .225	fa✶ .675
la .25	mi .75	fi .225
ut .15	fol .45	re .135
fa .5	ut .15	fol .45
la♮ .3	mi♮ .9	fi♮ .27
re♮ .1	la♮ .3	mi♮ .9

B

.32	.	.
.64	.32	.
.128	.64	.32
.256	.128	.64
.512	.256	.128

Tab. IX.

.8	.4	.2	.
.32	.16	.8	.4
.128	.64	.32	.16
.512	.256	.128	.64

C

re	fa✶	la✶
fi♮ &c.	re &c.	fa✶ &c.
fol &c.	fi &c.	re✶ &c.
mi♮ .9×128	fol	fi
ut .15×64	mi	fol✶
la♮ .3×256	ut .15×64	mi .75×16
fa .5×128	la .25×32	ut✶ .125×8
re♮ .1×512	fa .5×128	la .25×32

des Musiciens.

Tab. XII.

2	ut	1920
15/8	si	1800
9/8	si♭	1728
5/3	la	1600
8/5	la♭	1536
25/16	sol♯	1500
3/2	sol	1440
45/32	fa♯	1350
4/3	fa	1280
5/4	mi	1200
6/5	mi♭	1152
75/64	re♯	1125
9/8	re	1080
16/15	re♭	1024
25/24	ut♯	1000
1	ut	960

Tab. XIII.

75/2	re♯	2250
★ 25	sol♯	1500
50/3	ut♯	1000
45/4	fa♯	675
15/2	si	450
★ 5	mi	300
10/3	la	200
9/4	re	135
3/2	sol	90
★ 1	ut	60
2/3	fa	40
4/9	si♭	27
3/10	mi♭	18
★ 1/5	la♭	12
2/15	re♭	8

Le c. mineur est la diff. du comma à l'enharm.;
le c. minime est celle du c. mineur au comma.

Tab. XIV.

	Noms des interv.	Rapports.	Degrés
	octave	:1 .2	3010.3
	gr. 7me majeure	:8 .15	2730
	pet. 7me majeure	:27 .50	2676.1
	gr. 7me mineure	:5 .9	2552.7
	pet. 7me mineure	:9 .16	2498.8
	gr. sixte super.	:128 .225	2449.7
	pet. sixte super.	:72 .125	2395.8
	gr. 7me dimin.	:125 .216	2375.4
	pet. 7me dimin.	:75 .128	2231.5
	sixte maj. forte	:16 .27	2272.4
	sixte maj. parf.	:3 .5	2218.5
	sixte mineure	:5 .8	2041.2
	quinte superf.	:16 .25	1938.2
	quinte parfaite	:2 .3	1760.9
	quinte foible	:27 .40	1707
	gr. fausse quinte	:25 .36	1383.6
	pet. fausse quinte	:45 .64	1529.7
fa . si	grand triton	:32 .45	1480.6
sol . ut♯	petit triton	:18 .25	1426.7
la . re	quarte forte	:20 .27	1303.3
ut . fa	quarte parfaite	:3 .4	1249.4
si . mi♭	quarte diminuée	:25 .32	1072.1
ut . mi	tierce majeure	:4 .5	969.1
mi . sol	tierce min. parf.	:5 .6	791.8
re . fa	tierce min. foible	:27 .32	737.9
fa . sol♯	g. seconde superf.	:64 .75	688.8
si♭ . ut♯	p. seconde superf.	:108 .125	634.9
sol♯ . si♭	g. tierce dimin.	:125 .144	614.5
fa♯ . la♭	p. tierce dimin.	:225 .256	560.6
ut . re	ton majeur	:8 .9	511.6
re . mi	ton mineur	:9 .10	457.6
la . si♭	grand diatonum ou demit. maxime	:25 .27	334.2
si . ut	petit diatonum ou demit. majeur	:15 .16	280.3
fa . fa♯	grand chroma ou demit. moyen	:128 .135	231.2
ut . ut♯	petit chroma ou demit. mineur	:24 .25	177.3
ut♯ . re♭	enharmonique	:125 .128	103
	comma	:80 .81	53.9
	comma mineur	:1025 .1084	49.1
	comma minime	:31768 .31805	4.8

Ordre des interv. succesifs { Tab. III. t.maj. t.min. p.diat. t.maj. t.min. t.maj. p.diat.
Tab. VI. t.maj. p.diat. t.min. t.maj. p.diat. t.maj. t.min.

Tab. XV.

	col. 1	col. 2	col. 3	col. 4
	$\sqrt[4]{5^{16}}=625\ast$	re ⊠⊠		
		sol ⊠⊠		
		ut ⊠⊠		
		fa ⊠⊠		
	$\sqrt[4]{5^{12}}=125\ast$	si ⊠		
		mi ⊠		
		la ⊠		
A. 5	R+.5⁹	re ⊠	747650	24463.9
	R+.5⁸ = 25 ⋆	sol ⊠	500000	22716.4
4	R+.5⁷	ut ⊠	334365	20969.1
3	R+.5⁶	fa ⊠	223605	19221.4
	R+.5⁵	si	149530	17474
	R+.625 = 5 ⋆	mi	100000	15726.6
	R+.125	la	66873	13979.2
1	R+.25	re	44721	12231.8
	R+.5	sol	29906	10484.4
	R+.1 = 1 ⋆	ut	20000	8737
−1	1/(R+.5)	fa	13374 ⅗	6989.6
	1/(R+.25)	si♭	8944 ⅕	5242.2
−2	1/(R+.125)	mi♭	5981 ⅕	3494.8
	1/(R+.625) = ⅕ ⋆	la♭	4000	1747.4
B. 3	1/(R+.3125)	re♭	2674 23/25	0
		sol♭		
		ut♭		
	$\frac{1}{\sqrt[4]{5^8}}=\frac{1}{25}\ast$	fa♭♭		
		si♭♭		
		mi♭♭		
		la♭♭		
	$\frac{1}{\sqrt[4]{5^{12}}}=\frac{1}{125}\ast$	re♭♭		

Left margin: A. Octaves au-dessus d'ut. | Oct. au-dessous d'ut. B.

Tab. XVII.

nomb	logarith.
1	0000000
2	0301000
3	0477.213
4	0602050
5	0698c.700
6	0778.512
7	0845c980
8	0903c900
9	0954.425
10	1000000
11	10413927
13	11139433
17	12304489
19	12787536
23	13617278
29	14623980
31	14913617
37	15682017
80	19030900
81	19084850
125	20909100
128	21072100
864	29365137
1292	31112625
1932	32860071
2889	34607475
4320	36354837
4341	36375898
4342	36376898

Suite de l'art. 104,

l'espece de logar. qui y répondroit ; pour *x* ce seroit 2000, pour *y* 3000, pour *z*, 2500 &c ; après une vingtaine environ d'extractions de racines quarrées, on trouveroit deux moyennes l'une plus grande, l'autre plus petite que 6, telles que les sommes correspondantes ne différeroient que d'un degré environ : il en seroit de même de deux autres relativement au nombre 5. On voit les conséquences du résultat G, art. 64 & 69.

G	
ut 8	4000
sol 6	2340
mi 5	1287
ut 4	0

105 La

Tab. XVI.

col. 1	col. 2	col. 3	col. 4	col. 5	col. 6	col. 7	col. 8
40000	ut	3010.3	octave	3000	1000	3100	31
47382	si	2716.4	7me maj.	3210	1070		28
35777	si♭	2525.8	7me min.	3354	1118		26
		2422.7	sixte superf.				25
		2335.3	7me dimin.				24
33436	la	2231.9	sixte maj.	3589	1196½		24
32000	la♭	2041.2	sixte min.	3750	1250		23
31250	sol♯	1938.2	quinte superf.	3840	1280		21
29906	sol	1747.4	quinte	4012	1337½		20
		1556.9	fausse quinte			1800 — 5/10	18
27951	♯	1453.5	triton			1600 ÷ 3	16
26749	fa	1262.9	quarte	4293	1431	1500 —	15
		1072.1	quarte dimin.	4485	1495	1300 ÷ 5/10	13
						1100 ÷ 4	11
25000	mi	969.1	tierce maj.	4800	1600	1000 —	10
23925	mi♭	778.4	tierce min.	5016	1672	800 ÷ 1 5/10	8
23364	re♯	675.1	2de superf.	5136	1712	700 — 4 5/10	7
		587.6	tierce dimin.			600 ÷ 5	6
22360	re	484.5	ton	5367	1789	500 — 1	5
21399	re♭	293.8	diat. ou dem. maj.	5608	1869	300 ÷ 2 5/10	3
20898	ut♯	190.7	chro. ou dem. min.	5742	1914	100 — 3 2/10	2
		103.	enharmonique				
20000	ut	0		6000	2000	0	0

Tab. XVIII.

40d 5/10	36	27	18	13	10 7/10 9/10	9 7/10 7/10	6	4 9/10 9/10	4	3 7/10	2	2
c. 1/7	c. +3/10	c. —	c. —	c. —	c. +3/10	c. —	c. —	c. —	c. — 2/10	c. — 2/10	c. — 5/10	c. — 1/7

Tab. XIX.

	col. 1	col. 2	col. 3
ut	3010d.	43	octave
si	2730	39	septième majeure
si♭	2520	36	septième mineure
la	2240	32	sixte majeure
la♭	2030	29	sixte mineure
sol♯	1960	28	quinte superflue
sol	1750	25	quinte
fa♯	1470	21	triton
fa	1260	18	quarte
mi	980	14	tierce majeure
mi♭	770	11	tierce mineure
re♯	700	10	seconde superflue
re	490	7	ton
re♭	280	4	demi-ton majeur
ut♯	210	3	demi-ton mineur
ut	0	0	

Tab. X.

ut	3010	octave	
si	2780	septième majeure	
si♭	2499	septième mineure	
la	2273	sixte majeure	
sol♯	2046	quinte superflue	
la♭	1987	sixte mineure	
sol	1761	quinte	
fa♯	1535	triton	
fa	1249	quarte	
mi	1023	tierce majeure	
re♯	797	seconde superflue	
mi♭	738	tierce mineure	
re	511	ton	
ut♯	285	chroma	
re♭	226	diatonum	
ut	0		

Tab. XXI.

ut	3010	octave & 3me. tierce maj.
si	2759	7me. maj. & comp. du chr.
si♭	2509	7me. min. & sixte superf.
la	2258	sixte maj. & 7me. dimin.
la♭.sol♯	2007	sixte min. & quinte sup.
sol	1756	quinte
fa♯	1505	triton & fausse quinte
fa	1254	quarte
mi	1003	tierce maj. & quarte dimi.
mi♭.re♯	753	tierce min. & seconde sup.
re	502	ton & tierce dimin.
ut♯.re♭	251	diaton. & chroma
ut	0	

Tab. XXII.

la♯	21072	—	6
re♯	19290		5
sol♯	17515		
ut♯	15747		4
fa♯	13986		3
si	12232		
mi	10484		2
la	8737		
re	6989		1
sol	5242		
ut	3495		
fa	1747		½
si♭	0		2

Octaves au-dessus d'ut.

Tab. XXIII.

première hypothèse.		
ut si♯		3010
si ut♭		2716
si♭ la♯		2526
la sol♯ sol♯♯ si♭♭		2232
sol♯ la♭		1980
sol fa♯♯		1747
fa♯ sol♭		1461
fa mi♯		1263
mi fa♭		969
re♯ mi♭		744
re ut♯♯		484
ut♯ re♭		212
ut si♯		0

Tab. XXIV.

2me. hyp.	
ut	3010
	2716
	2526
	2232
	1969
	1747
	1457
	1263
	969
	734
	484
	204
ut	0

Tab. XXV.

col. 1	col. 2	col. 3	col. 4	col. 5
3010	si	5726	3010	0
2716	la♯	5536	2820	103+
2526	la	5242	2526	0
2232	sol♯	4990	2274	42+
2041	sol	4757	2041	0
1938	fa♯♯	4757	2041	103+
1747	fa♯	4471	1755	8+
1453	mi♯	4273	1557	103+
1263	mi	3979	1263	0
969	re♯	3754	1038	69+
778	re	3494	778	0
675	ut♯♯	3494	778	103+
484	ut♯	3222	506	22+
294	ut	3010	294	0
191	♯	3010	294	103+
0	si	2716	0	0

Tab. XXVI.

2e. hyp.	
si	0
	103+
	0
	31+
	0
	103+
	3+
	103+
	0
	59+
	0
	103+
ut	0
si♯	14+
si	103+
	0

Tab. XXVII.

	1. hyp.	2. hyp.
mi♯	0	0
re	34+	44+
re♭	48—	46—
ut	30+	44+
ut♭	69—	59—
si	34+	44+
si♭	35+	45+
la	34+	45+
la♭	27—	28—
sol	34+	44+
sol♯	61+	55—
fa♯	42+	48+
fa	35+	45+
fa♭	69—	59—
mi	34+	44+
mi♭	0	0

des Musiciens.

Tab. XXVIII.		
A	la♭ . fa . si ÷ 3 . 5 . 7	
B	fa . la♭ . si ÷ 5 . 6 . 7	
C	la♭ . re . si en. 15 . 21 . 35 : 3 . 7 : 5 . 7 : 3 . 5	
D	la♭ . si . re en. 30 . 35 . 42 : 5 . 7 : 6 . 7 : 5 . 6	
E	la♭ . fa . si . mi♭ ÷ 3 . 5 . 7 . 9	
F	fa . si . mi♭ ÷ 5 . 7 . 9	
G	ut . mi . re ÷ 1 . 5 . 9	
H	ut . si♭ . re en. 5 . 9 : 1 . 5	
K	en. 14 . 20 . 35 sol . re♭ . si . fa ÷ 4 . 7 . 10	
L	re♭ . la♭ . fa . si ÷ 1 . 3 . 5 . 7	
M	fa . la♭ . si . re♭ ÷ 5 . 6 . 7 . 8	
N	la♭ . si . re♭ . mi♭ ÷ 6 . 7 . 8 . 9	

Tab. XXIX.

c. 1	col. 2	col. 3
UT	: 1 . 23	sol + $\frac{1}{3}$ c.
ut	: 1 . 22	fa✗ − $\frac{4}{3}$ c.
ut	: 1 . 21	fa − $\frac{2}{3}$ c.
ut	: 1 . 20	mi
ut	: 1 . 19	mi♭ − $\frac{3}{5}$ c.
ut	: 1 . 18	re + $\frac{1}{3}$ c.
ut	: 1 . 17	re♭ + $\frac{3}{7}$ c.
ut	: 1 . 16	ut
ut	: 1 . 15	si − $\frac{1}{4}$ c.
ut	: 1 . 14	la✗ + $\frac{1}{7}$ c.
ut	: 1 . 13	la♭ + $\frac{4}{5}$ c.
UT	: 1 . 12	sol + $\frac{1}{3}$ c.
ut	: 1 . 11	fa✗ − $\frac{4}{3}$ c.
ut	: 1 . 10	mi
ut	: 1 . 9	re + $\frac{1}{2}$ c.
ut	: 1 . 8	ut
ut	: 1 . 7	la✗ + $\frac{1}{7}$ c.
ut	: 1 . 6	sol + $\frac{1}{3}$ c.
ut	: 1 . 5	mi
ut	: 1 . 4	ut
ut	: 1 . 3	sol + $\frac{1}{4}$ c.
UT	: 1 . 2	ut

105 La valeur comme 700 d'un interv. quelconque comme d'ut à re✗ d'un sist. de quintes égales étant connue, on connoitra la valeur de sa quinte, & par conséquent celles de tous les interv. de ce sist., pourvû que dans son oct. déployée le plus aigu re✗ des 2 sons y tombe dans la même oct. au-dessus d'ut que dans le sist. T., il ne faut dans cet exemple qu'ajouter la valeur 1505 td. de cinq oct. à 700, & partager le total en 9.

106 *Manière de trouver le point du comma au-dessus & au-dessous d'un point donné.* Pour trouver le point du comma au-dessus de B, fig. 1, on fera 4 partage de BZ en 3, c'est-à-dire on partagera BZ en 3, son tiers en 3, le tiers du tiers en 3 &c., on aura un 81me de BZ qu'on portera de B en S. Pour avoir le point du comma au-dessous de B, on fera 4 partages de BZ en 2, ce qui donnera un 16me de BZ, on le partagera en 5, & on aura un 80me de BZ qu'on portera de B en D.

PRATIQUES GÉOMÉTRIQUES.

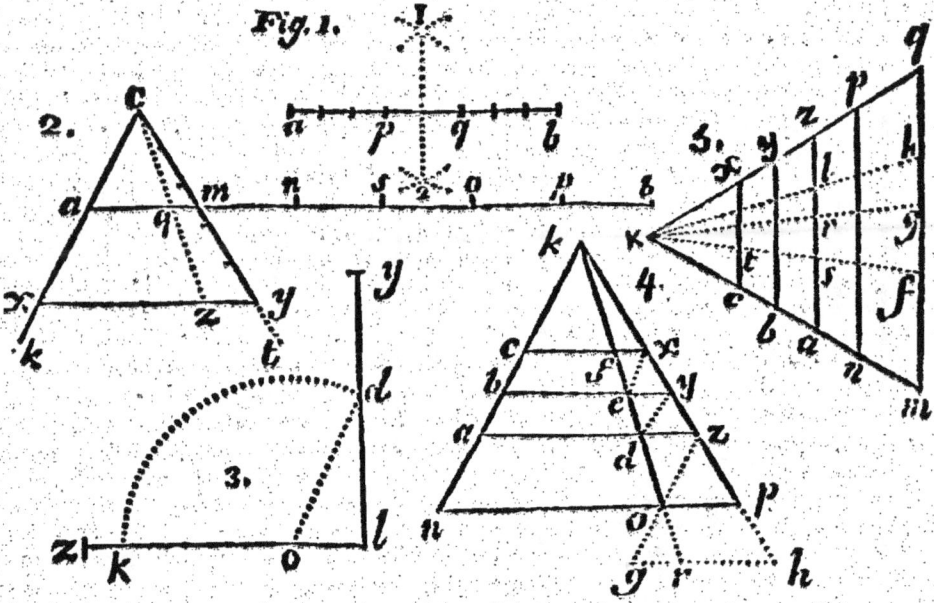

107. *Partager une ligne* AB *fig.* 1, *en deux parties égales.* Vers chaque côté de la ligne AB avec un même rayon décrivés des points A, B, 2 arcs qui se coupent ; une ligne menée par les points 1, 2, de section de ces arcs donnera le milieu d'AB ; dans le cas où AB seroit une ligne très longue, donnés au compas une ouverture quelconque, portés là autant de fois de A en P que de B en Q, & prenés le milieu de PQ.

108. *Décrire sur* AM *fig.* 2, *un triangle équilatéral.* Des points A, N, & du rayon AM décrivés 2 arcs qui se coupent en C ; ACM sera le triangle demandé ; quand nous dirons *triangle*, nous entendrons toujours l'équilatéral.

109. *Partager une ligne* AB *fig.* 2. *en plusieurs part. égales comme en* 5. Je prends 5 parties égales de B en N, sur AN, je construis le triangle ACN, j'en prolonge 2 côtés vers T & K ; je prends 5 parties égales de C en Y, je fais CX égale à CY, & je mene XY, je prends sur celle-ci ZF égale à un 5me de CY, je mene CZ, & QN est la 5me partie d'AB.

110. *Entre deux lignes trouver une moyenne proport.* Sur la branche ZL fig. 3. d'une équerre ZLY, je porte la plus grande des 2 données de L en K, je porte de K en O la moitié du total des deux ; j'ouvre le compas de la grandeur KO, & du point O décrivant l'arc KD, j'ai la moy. demandée DL.

111. *Renfermer deux lignes* AZ, BY, *dans un même triangle* (*j'entends parallèlement l'une à l'autre*). Sur l'une des deux, fig. 4, je construis un triangle dont je prolonge indéfiniment les côtés partant de K, je prends de ce point sur chaque côté la valeur de l'autre ligne, il ne reste qu'à joindre les 2 points qui en résultent, par une ligne droite.

112. *Une ligne* AZ *étant partagée en plusieurs parties en* S, R, L, *partager* NO *dans la même proportion.* Je renferme (111) ces deux lignes dans le même triangle AKZ, fig. 5 ; du point K par S, R, L, je mene KF, KG, KH, que j'appelle des sécantes, & les points F, G, H, donnent la division proposée.

des Musiciens.

113 Étendre à l'infini tant en montant qu'en descendant une prog. géom. de lignes dont deux consécutives sont données. Sur la plus grande AZ fig. 4, je construis un triangle, dont je prolonge indéfiniment les côtés KA, KZ; je prends AD égale à la plus petite des 2 données, & ZD est leur différence; par le point D je mene KR indéfinie, je donne à KR le nom de directrice. Cela posé si la progr. est ascend., je prends ZY & AB chacune égale à ZD, je mene BY; celle-ci doit se trouver égale à AD, & la directrice y marque la 3me prop. BY; je prends ensuite YX & BC chacune égale à YA, je mene CX; celle-ci doit se trouver égale à BY & la directrice y marque la 4me prop. CF, &c. Si la progr. est ascend. je construis sur ZH prise de grandeur arbitraire un triangle, dont un côté ZG coupé la directrice en O, je prends ZP égale à ZO, par P & O je mene PN, qui dans ce second cas est la 3me proportion., &c. On observera que la progr. des lignes NP, AZ, BY, CX, se répete sur KP & KF.

114 *Description des chordes du sist. T. dans la précision mathématique.* Entre les chordes 5 & 1 d'ut & de mi, trouvés (110) celle de re temperé, entre celles de ut re, de re mi celles de sol & la; sur une chorde d'ut, AZ portés celles de sol, re, la, en leur donnant à toutes une extrémité commune Z, & que S, R, L, indiquent les points de sol, re, la temperés; construises un triangle sur AZ, fig. 5, marqués sur AZ le point de mi tierce maj. d'ut; par ce point & par K menés une directrice, & au moyen de cette ligne formés une progr. géom. des chordes de fa♭, la♭, ut, mi, sol♯; par les points S, R, L, menés autant de sécantes, elles donneront sur ces chordes les points des sons ou de leurs oct. qui se trouvent sur l'oct. déployée du S. T. de fa♭ à la♭, de la♭ à ut, &c., T sera le point de re♯, & H celui de re♭; posés les chordes CX, BY, &c. sur une même ligne en réunissant les points X, Y, Z, P, O, en un seul Z; il ne faut plus que prendre la moitié, le quart &c. ou le double, le quadr. &c. des chordes plus grandes qu'AZ ou plus petites que sa moitié, pour avoir les points du sist. T. de l'oct. génér. d'ut dans la première moitié de la chorde AZ; c'est ce que nous supposons exprimé fig. 6.

115 Qu'on construise fig. 6, un triangle AKZ sur AZ, & qu'on mene des sécantes à tous les points de son, & toute chorde, comme de re, de mi, &c. parallèle à AZ dans le triangle, présentera l'octave génér. de re, de mi, &c. Ayant le point du comma, de l'enharm., du chroma au-dessus de A, &c. l'art. 113 donnera des suites infinies de chordes de comma, d'enharm., de chroma, &c. Plusieurs chordes à un enharm. l'une de l'autre parallèles dans ce triangle à AZ, qui seroit une de leur suite, donneroient au moyen des sécantes autant de fois douze sons de différent nom & 3 de plus qu'il y auroit de chordes, cinq chordes donneroient 63 sons dont l'assemblage développé formeroit une suite continue de quintes.

116 Ayant fait (113) une progr. géom. de 57 chordes de comma, dont la plus grande soit AZ fig. 4; on aura sur le côté AK, 56 entretouches de comma; si on les divise chacun en 4 ou en 5 également, & qu'on prenne toutes les divisions des 55 premiers, & 3 ou 4 du dernier, on aura les chordes d'une échelle de l'octave de 223 ou 279 parties qui seroient des quarts ou des cinquièmes de comma soit approchez.

117 *Maniere de trouver le point de l'enharm.* Pour en trouver le point au-dessus de B, on fera 7 partages de BZ en 2, ce qui donnera un 128.me de BZ dont on portera le triple de B en S. Pour trouver le point de l'enhar. en dessous de B, on fera 3 partages de BZ en 5, ce qui donnera un 125me de BZ, on en portera le triple de B en D. Voyez fig. 1. page 21.

118 *Derniers usages de la table 17.* Pour faire les tab. des log. il n'a été besoin de trouver directement que ceux des nombres premiers 2.3.5.7.11 &c. par le moyen des log. de 2.3.5, on aura si l'on veut ceux de tous les nombres du fist. N.; le log. d'un nombre (100) vaut la somme de ceux de toutes ses racines, celle des log. de 3 & 5 vaut le log. de 15, le quadr. de celui de 2 fait celui de 16, ceux de 16 & de 5 celui de 80 &c; avec les 18 premiers log. tab. 17, on pourra avoir tous ceux de 1 à 40, leur usage sera d'étendre la tab. des sons harmoniques; les 5 nombres de 864 à 4330 sont ceux des chordes des 4 quintes temp. par la pratique de l'art. 70; en donnant aux interv. les valeurs exprimées par les log. entiers, on trouvera que les valeurs des quintes d'ut à sol & de la à mi données par cette pratique, ne seront l'une plus petite, l'autre plus grande que le quart du log. de 5 que d'environ les 2 tiers de un 10.me de degré ou un 810.me de c.; un degré vaut 1000 des petits interv. donnés par les log. entiers; la differ. des log. entiers de 4341 & 4342 est 1000.

119 *Description de la seconde hypothese sur l'acc. du clav. sans le secours des logar.* La seconde de nos 2 hyp. sur l'acc. du clav. est la plus favorable aux tierces maj. de *re.la.mi.* à *fa*✕. *ut*✕. *sol*✕; si on fait un choix, c'est je pense sur cette seconde qu'il tombera; pour en avoir les chordes sans le secours des log., effacés d'un monochorde qui présenteroit celles de 3 oct. gén. du S. T. les points de *re*♭. *la*♭ & *mi*♭; marqués les points de l'enharm. au-dessus de ceux de *fa*✕. *ut*✕. *sol*✕. *re*✕ du S. T.; divisés chaque entre-touche d'enharm. en 7 & le 7me en 5, ôtez du premier 1, du second 4, du 3me 10, du 4me 20 des 35 parties censées marquées sur chacun; ces retranchemens donneront les points des 4 sons que nous venons de dire de l'hypoth. en question. Ces nombres 1.4.10.20 sont du 4me ordre.

$$A. \div 2. \tfrac{2\times 6}{3}. 6 ; \quad B. \tfrac{2\times 6}{3} - 2 = 6 - \tfrac{2\times 6}{3}.$$
$$C. 6\times 2 - 3\times 2 = 6\times 3 - 6\times 2.$$
$$D. 2.6 :: 3 - 2. 6 - 3, \quad E. \backsim . 2 . \tfrac{2\times 6}{4}. 6.$$

120 *Démonstration de la propriété de la proportion harmonique de l'art. 43 par celle de l'art. 45.* La suite 2.3.6 étant une progr. permutée d'une progr. arithmét. dans le sens de l'art. 45; si on transporte (5) le second interv. : 3.6 au premier rang, on aura une progr. arith. A, d'où résultent les égalités en B & C. Cela posé les 4 termes qu'on voit en D font une proportion géomét., le produit des extrêmes & celui des moyens sont chacun un membre de l'équation C, donc la permutée ∽.2.3.6 a la propriété de l'art. 43. Pour trouver un moyen harm. entre 2 termes donnés 2 & 6, il ne faut qu'imaginer le moy. arith. 4, & le moy. harm. sera le produit des 2 termes donnés divisé par le moyen arith. C'est une suite de règle de trois. Voyés E.

FIN.

www.ingramcontent.com/pod-product-compliance
Lightning Source LLC
Chambersburg PA
CBHW060712050426
42451CB00010B/1408